Armin Sendner

Hochzeit in Las Vegas mit Kalifornien-Rundreise

AF160795

Ich widme dieses Buch meiner lieben Frau Uschi.

Armin Sendner

Hochzeit in Las Vegas
mit
Kalifornien-Rundreise

Reisebericht

Bibliografische Information der Deutschen Nationalbibliothek
Die Deutsche Nationalbibliothek verzeichnet diese Publikation in der Deutschen Nationalbibliografie; detaillierte bibliografische Daten sind im Internet über http://dnb.d-nb.de abrufbar.

© 2015 Armin Sendner
2. Auflage (ohne Fotos)
Herstellung und Verlag: BoD - Book on Demand, Norderstedt
ISBN-13: 9783739223001
Cover-Foto: GiRom /pixelio.de (Golden Gate Bridge)

Die einzelnen Tage der Rundreise

Der Antrag 9
Die Idee..11
Die Vorbereitungen..16
Tag 1 - 13.05.2014 - Dienstag (Flug von Frankfurt/Main nach Las Vegas) 24
Tag 2 - 14.05.2014 - Mittwoch (Las Vegas)...............30
Tag 3 - 15.05.2014 - Donnerstag (Las Vegas)............38
Tag 4 - 16.05.2014 - Freitag (Las Vegas - Grand Canyon)...45
Tag 5 - 17.05.2014 - Samstag (Fahrt von Las Vegas nach Ridgecrest)..49
Tag 6 - 18.05.2014 - Sonntag (Fahrt von Ridgecrest nach Tulare - Sequoia Nationalpark) 55
Tag 7 - 19.05.2014 - Montag (Tulare - Sequoia Nationalpark) 58
Tag 8 - 20.05.2014 - Dienstag (Fahrt von Tulare nach Mariposa - Yosemite Nationalpark)............................61
Tag 9 - 21.05.2014 - Mittwoch (Mariposa - Yosemite Nationalpark) 65
Tag 10 - 22.05.2014 - Donnerstag (Fahrt von Mariposa nach San Francisco) 69
Tag 11 - 23.05.2014 - Freitag (San Francisco) 75
Tag 12 - 24.05.2014 - Samstag (San Francisco).........80
Tag 13 - 25.05.2014 - Sonntag (Fahrt von San Francisco nach Monterey)...84
Tag 14 - 26.05.2014 - Montag (Fahrt von Monterey nach Santa Barbara) 88
Tag 15 - 27.05.2014 - Dienstag (Santa Barbara) 91

Tag 16 - 28.05.2014 - Mittwoch (Santa Barbara) 93
Tag 17 - 29.05.2014 - Donnerstag (Fahrt von Santa Barbara nach Beverly Hills/Los Angeles) 94
Tag 18 - 30.05.2014 - Freitag (Hollywood/Los Angeles) 96
Tag 19 - 31.05.2014 - Samstag (Los Angeles) 106
Tag 20 - 01.06.2014 - Sonntag (Fahrt von Los Angeles nach Palm Springs) 111
Tag 21 - 02.06.2014 - Montag (Fahrt von Palm Springs nach Las Vegas) 116
Tag 22 - 03.06.2014 - Dienstag (Flug von Las Vegas nach Frankfurt/Main) 119
Eine letzte Bemerkung 120
Unsere Reisedaten in der Übersicht 122
Anerkennung der Hochzeit in Deutschland 127

Der Antrag

Es war ein lauwarmer Frühlingsabend im Mai des Jahres 2013. Genauer gesagt der 15. Mai 2013. Die Sonne stand noch ziemlich hoch am Firmament. Ich hatte auf der Westseite des Wohnzimmers die Jalousie heruntergelassen, um den Raum etwas abzudunkeln. Gegen 19 Uhr hörte ich, wie das Schloss der Eingangstür betätigt wurde. Schnell startete ich den CD-Player. Leise erklang die Ballade „Love Me Tender" von Elvis Presley. Fast im gleichen Moment kam Uschi zur Tür herein, um mir einen Begrüßungskuss zu geben. Das macht sie immer, wenn sie später als ich von der Arbeit nach Hause kommt.

Doch als sie diesmal die Tür öffnete, bekam sie große Augen. Etwas war anders, als sonst.

„Geht's Dir gut?", fragte sie mich als sie auf dem Fußboden die Rosenblüten und die 13 brennenden Kerzen sah, für jedes unserer gemeinsamen Jahre eine. Zwei mit Rotwein gefüllte Gläser standen auf dem kleinen Glastisch vor der Couch. Daneben ein Strauß roter Rosen.

„Ist etwas passiert?"

Ich weiß nicht, ob sie bereits etwas ahnte, jedenfalls sagte ich: „Komm, setz Dich, ich habe eine Überraschung."

Uschi lächelte etwas ungläubig. Ich versuchte die Textzeilen von Elvis mitzusingen, jedoch auf Deutsch.

Liebe mich zärtlich, liebe mich süß
Lass mich nie mehr gehen
Du hast mein Leben erfüllt und ich liebe dich so

Liebe mich zärtlich, liebe mich wahrhaftig
Lass alle meine Träume in Erfüllung gehen
Denn mein Liebling, ich liebe dich
Und ich werde das immer tun
Liebe mich zärtlich, liebe mich lange
Nimm mich in dein Herz
Denn dort ist der Platz wo ich hingehöre
Und wir werden uns niemals trennen
(Quelle: www.songtexte.com)

Weißt Du, wo wir heute in einem Jahr sein werden?", fragte ich sie, als das Lied zu Ende war.

Uschi schüttelte den Kopf.

„Vielleicht in Las Vegas?", kam es etwas fragend aus mir heraus.

Uschi begriff immer noch nicht. „Du spinnst!"

„Nein. Ich habe in meinen Gedanken schon alles geplant. Es soll eine Überraschung sein. Möchtest Du mich heiraten?"

„Was?"

„Ja, wir erfüllen uns einen Traum und machen etwas, was wir nie mehr vergessen werden. Eine Hochzeit in Las Vegas und Elvis wird Brautführer sein."

Uschi begriff langsam, dass ich es ernst meinte. Sie umarmte und küsste mich.

„War das jetzt ein JA?", schaute ich sie fragend an.

Uschi standen Tränen in den Augen. Sie nickte und sagte leise: „Ja."

Die Idee

Seit meiner Jugend träume ich davon, einmal den Westen der USA kennenzulernen. Die Gründe dafür kann ich gar nicht alle aufzählen. Speziell San Francisco interessiert mich sehr. Nicht nur wegen der Golden Gate Bridge oder der Cable Car, sondern vor allem, weil San Francisco in den 60ern die Hauptstadt der Hippies war. Im legendären „Summer of love" von 1967 hatte die sogenannte Hippiebewegung hier ihren Höhepunkt. Unter anderem lebten die legendären Künstler Janis Joplin und Jimi Hendrix in San Francisco. Noch heute ist das Gebiet um die Haight/Ashbury ein wenig anders als die anderen Viertel der Metropole.

Viele bekannte amerikanische Filme wurden und werden in San Francisco oder Los Angeles gedreht. Ich denke da nur an „Dirty Harry" mit Clint Eastwood, der heutzutage ein Hotel in Carmel bei Monterey betreibt. Und in den UNIVERSAL-Studios in Hollywood kann man die Kulissen von unzähligen Filmen besichtigen.

Oder denken wir an die berühmte Route 66 und den wunderschönen Highway One, der an der malerischen Pazifikküste entlangführt. Nicht zu vergessen das gigantische Grand Canyon in Arizona oder das einmalig bunte Treiben in Las Vegas.

Einmal im Leben wollte ich das alles sehen. Wenn nicht jetzt, wann dann? Als Rentner? Dann kann man vielleicht aus gesundheitlichen Gründen nicht mehr. Doch wie konnte ich auch Uschi für solch eine Reise begeistern? Solange ich sie kenne, stand sie einer Reise in die Staaten aus verschiedenen Gründen immer sehr kritisch gegenüber. Ich wusste, dass ich es geschickt anstellen musste. Da war meine ganze Fantasie gefragt.

Anfang des Jahres 2013 kam mir dann die Idee mit der Hochzeit. Schließlich lebten wir bereits 13 Jahre zusammen.

Eine Hochzeit mit Uschi sollte jedoch etwas ganz Besonderes, Unvergessenes werden. Warum nicht eine Hochzeit in Las Vegas. Doch Las Vegas, ein schier unerreichbarer Stern im weiten Universum, war 12000 Kilometer von Deutschland entfernt. So weit waren wir bisher noch nie von zuhause weg gewesen. Sollte es etwa nur bei einem Traum bleiben? Doch dieser Traum ging mir nicht mehr aus dem Kopf.

Ich durchstöberte zunächst das Internet nach Stichworten wie ‚Hochzeit in Las Vegas' und fand gleich eine ansprechende Seite mit sehr unterschiedlichen Varianten, sich das Jawort zu geben. Etwa die „Venezianische Gondelhochzeit", „Heiraten mit Marilyn Monroe", „Heiraten im Grand Canyon", „Heiraten mit Elvis" oder „Heiraten im Bellagio", um nur einige von vielen zu nennen.

Auf Anhieb hatte mir die Hochzeit mit Elvis am besten gefallen. Elvis Presley, der am 1. Mai 1967 im heutigen Planet Hollywood Hotel in Las Vegas seine Priscilla geheiratet hat und der im International Hotel, dem heutigen Las Vegas Hilton Hotel über 800 Konzerte gegeben hat. Elvis war untrennbar mit Las Vegas verbunden.

Das passte auch irgendwie zu mir als großer Fan der Beat- und Rockmusik. Deshalb war mir klar, dass es nur die Hochzeit mit Elvis sein konnte. Meine Email-Anfrage, ob im Mai 2014 noch Termine frei wären, wurde schnell positiv beantwortet. Und wenn wir schon mal die weite Reise machen, dann sollten wir natürlich eine Rundreise durch einen Teil des „Wilden Westens" und der Pazifik-Küste der USA anhängen, sprich die eingangs erwähnten touristischen Punkte, wie Grand Canyon, Yosemite Nationalpark, San Francisco und Los Angeles besuchen. Von da an schien mir mein Traum realisierbar zu sein, fast zum Greifen nah.

Aus der anfänglichen Idee entwickelte sich innerhalb weniger Wochen ein ernsthafter Plan, der von Tag zu Tag konkretere Züge annahm. In Gedanken sah ich mich bereits auf dem Strip von Las Vegas flanieren, über die Golden Gate Bridge spazieren, auf der Route 66 entlangfahren oder am Strand von Santa Monica den Sonnenuntergang genießen. Allmählich ergaben die Puzzleteile ein wunderbares, komplettes Bild. So wusste ich, welche der genannten Orte wir unbedingt besuchen sollten. Auch die Reisezeit stand in etwa fest: Nicht zu zeitig, denn da könnte in den Bergen der Sierra Nevada noch Schnee liegen und die Pässe geschlossen sein. Wiederum auch nicht zu spät, damit wir nicht in die Hauptreisezeit im Juli und August und die große Hitze gelangen. Mitte Mai sollte die Reise schließlich beginnen.

Ich fand heraus, dass nur dienstags Direktflüge nach Las Vegas gingen. In der Antwortmail der Hochzeitsfirma von Las Vegas riet man uns, zwischen Ankunft in Las Vegas und Hochzeit, unbedingt einen Tag frei zunehmen, um einigermaßen über den Jet Lag zu kommen. Nun stand es fest, unsere Hochzeit sollte am 15. Mai des Jahres 2014 stattfinden.

Im Mai, genau ein Jahr vor dem großen Termin, machte ich ernst und stellte Uschi den Heiratsantrag. Ich hatte sie überzeugt und war überglücklich. Die Vorbereitungen, die ich im nächsten Kapitel ausführlich behandle, konnten beginnen. Noch ein langes Jahr bis zu unserer Reise in Amerikas „Wilden Westen", das aber wie im Flug verging.

Das Ganze hatte jedoch noch einen klitzekleinen Haken: Ich habe Flugangst. Doch ich dachte mir: Wenn du solch Großes vorhast, dann musst du das auch aushalten können. Ich hatte auch schon einen Tipp bekommen, wie ich meine Flugangst etwas besänftigen könnte.

Eine Bemerkung in eigener Sache: Mit diesem Reisebericht erhebe ich keinen Anspruch auf Vollständigkeit bis ins letzte Detail. Das heißt, ich werde nicht über sämtliche Sehenswürdigkeiten der Metropolen und Nationalparks berichten. Das kann ein Reiseführer sehr viel besser. Ich möchte einen solchen keinesfalls ersetzen. Ich möchte lediglich von unseren Erlebnissen berichten, ein wenig über die Sehenswürdigkeiten schreiben, unsere Erfahrungen weitergeben und diejenigen Hotels bewerten, in denen wir unsere Nächte verbrachten.

Es gibt unzählige andere Hotels und viele Varianten einer Rundreise durch den Westen der USA. Wir haben uns letztendlich für diese entschieden. Sicher werden wir bei einem eventuellen nächsten Mal eine etwas andere Route wählen. Zum einen, weil ein Ort oder eine Gegend nicht das geboten hat, was wir uns vorstellten und zum anderen, weil wir eine Vielzahl von Sehenswürdigkeiten bei dieser Rundreise aus zeitlichen Gründen auslassen mussten. Man kann in 3 Wochen nicht alles sehen und man sollte es auch gar nicht erst versuchen. Man will ja auch die Schönheit der Natur und der Städte genießen und auf sich einwirken lassen.

Normalerweise benötigt man ja heutzutage keine Straßenkarte mehr, wenn man von einem Ort zum anderen will. Das Navi hat solch eine Karte fast vollständig ersetzt. Manchmal ist es jedoch ganz sinnvoll, sich vorher die Route detailliert auf einer solchen anzuschauen und auch einzuprägen. Wie ich das genau meine, werden Sie in den nächsten Kapiteln erfahren.

Die Vorbereitungen

Wenn man noch nie in den USA war, sollte man sich nicht Hals über Kopf in die Vorbereitungen stürzen. Am besten man erstellt sich eine Liste, welche Dinge zu tun sind und in welcher Reihenfolge. Zusätzlich kann man sich bei Freunden und Verwandten, die bereits in den Staaten waren, Tipps holen und von deren Erfahrungen lernen. Bei unserer Reiseroute studierten wir auch Reisekataloge und schauten, in welchen Städten man dort bei ähnlich angelegten Bus-Rundreisen haltmachte. Unser Urlaub sollte auf alle Fälle mit der Hochzeit in Las Vegas beginnen, damit wir uns in Ruhe auf die nachfolgende Rundreise konzentrieren konnten. Somit stand der Startpunkt schon mal fest.

Wir begannen mit der **Buchung des Fluges**, denn ohne Flug keine Hochzeit und keine Rundreise. Wir entschieden uns für einen Direktflug am 13. Mai 2014 mit Condor in der Premium Economy Class von Frankfurt/Main nach Las Vegas, um die Strapazen des Starts und der Landung nur jeweils einmal mitmachen zu müssen. Kosten für 2 Personen mit Reiserücktrittsversicherung etwa 2700 Euro.

Nachdem wir den Flug in Sack und Tüten hatten, konnten wir auch den geplanten **Hochzeitstermin** festmachen. Der Termin am 15.Mai 2014 stand somit endgültig fest und wir konnten ganz entspannt das **Besorgen der Eheringe** in Angriff nehmen.

Ganz wichtig für eine USA-Reise ist, dass Sie einen **Reisepass mit digitalisierten Fingerabdrücken** besitzen. Wir hatten ihn nicht und mussten uns neue Pässe anfertigen lassen. Kosten: 59 Euro je Pass plus Kosten für die Fotos.

Wenn Sie eine Mietwagenrundreise planen, ist es von Vorteil, den **Mietwagen** in Deutschland zu buchen. Das ist sicher etwas teurer, aber im Falle eines Unfalles wäre der Gerichtsstand in Deutschland und Sie bräuchten, wenn es zu Gerichtsverhandlungen käme, nicht extra in die USA fliegen. Wir buchten den Mietwagen beim ADAC, und zwar einen SUV mit Navigationssystem und ohne Selbstbeteiligung. Kosten etwa 950 Euro für 21 Tage. Buchen Sie sicherheitshalber auch für 2 Fahrer, das gibt mehr Flexibilität bei den langen Strecken. Auch könnte sich ja mal jemand verletzen oder krank werden. Der SUV von Toyota hatte gerade die richtige Größe für uns. Unsere beiden großen Koffer verschwanden vollständig im Kofferraum. Wenn man mit Gepäck von einem Ort zum anderen fährt, sollten keine Gegenstände auf den Rücksitzen liegen. Langfinger hätten dann leichte Beute. Aber das gilt ja auch für Deutschland oder beliebig andere Länder.

Ganz wichtig bei einer Mietwagenrundreise ist ein **europäischer Führerschein**. Der ADAC rät dazu, bei Reisen in die Staaten zusätzlich einen **internationalen Führerschein** (Kosten 16 Euro) mitzunehmen, was wir auch taten. Bei unserer Reise hat ihn jedoch niemand sehen wollen, der europäische Führerschein hätte also gereicht. Aber man weiß ja nie. Besser man hat, als man hätte.

Bei USA-Reisen muss man seit ein paar Jahren eine bewilligte Einreisegenehmigung **ESTA** (**E**lectronic **S**ystem **F**or **T**ravel **A**uthorization) vorweisen. Zu diesem Zweck muss ein Formular ausgefüllt werden, welches man hier findet:

https://www.usatravelvisa.net/application.html?___store=german

Drei Unterstriche sind das in der URL. Aber die Seite ist auch leicht über Google zu finden. Kosten der Einreisegenehmigung: 14 Dollar pro Person. Zu zahlen mit **Kreditkarte**. Bitte nicht wundern, in diesem Formular werden ein paar merkwürdige Fragen gestellt. Unter anderem bei Punkt B: „Wurden Sie jemals aufgrund eines Deliktes oder einer Straftat gegen die Sittlichkeit oder aufgrund eines Vergehens im Zusammenhang mit Drogen verhaftet oder verurteilt, oder wurden Sie aufgrund zweier oder mehrerer Delikte oder Straftaten, für die das Strafmaß zusammengenommen fünf Jahre oder mehr betrug, verurteilt, oder haben Sie jemals Drogen in Umlauf gebracht, oder beabsichtigen Sie, zum Zweck krimineller oder sittenwidriger Handlungen einzureisen?" Ich möchte diese Frage nicht kommentieren. Nur so viel: Wenn Sie hier „Ja" angeben müssten, sollten Sie lieber gleich freiwillig auf die Reise verzichten.

Denken Sie bitte auch an eine **Auslandskrankenversicherung**, die man bei jeder Versicherungs-Gesellschaft abschließen kann, auch beim ADAC. Ein Rücktransport nach Deutschland, im Falle eines Unfalles oder einer Krankheit, kann sehr teuer werden.

Man kann darüber streiten, ob es besser ist, die **Hotels** vorher zu **buchen**, oder ob man dies an Ort und Stelle tut. Wir haben uns dafür entschieden, dies in aller Ruhe vorher zu tun. Einerseits fällt der Stress weg, am Abend unbedingt noch ein annehmbares Hotel zu finden. Andererseits kann man im Internet ausführlich die Bewertungen von anderen Reisenden studieren. Der Nachteil ist, man muss sich auf die Bewertungen verlassen und kann sich höchstens über Google Earth einen Überblick über die Lage des Hotels verschaffen. Ein anderer Nachteil ist, dass die Flexibilität etwas verloren geht. Man ist quasi an gewisse Zeiten gebunden, obwohl man die meisten Hotels noch 3 Tage zuvor stornieren kann.

Wir hatten zwar einen Mietwagen mit Navi gebucht, trotzdem entschied ich mich in letzter Minute dafür, auf mein eigenes **Navi** die **USA-Karte** zu laden und dieses mitzunehmen. Kosten: 50 Euro. Irgendwie traute ich dem amerikanischen Navi nicht. Ich hatte so ein komisches Gefühl im Bauch. Vielleicht waren es auch unnötige Ängste, mit dem amerikanischen Navi nicht zurechtzukommen. Jedes Navi ist anders und ich hatte mich gerade an meins gewöhnt. Meine Entscheidung machte sich jedoch bezahlt und Sie hoffentlich ein wenig neugierig.

Die wichtigsten Dinge waren nun erledigt. Wir befanden uns kurz vor der Abreise und konnten langsam mit dem Kofferpacken beginnen. Wenn Sie feststellen, dass ihr Koffer für solch eine lange Reise nicht ausreicht, ist es nun an der Zeit, sich einen größeren **Koffer** zuzulegen.

Vergessen Sie bitte nicht, dass ihr Koffer bei Reisen in die USA ein **TSA-Schloss** haben muss. Das heißt, die amerikanische TSA-Behörde (**T**ransportation **S**ecurity **A**dministration) hat das Recht, jeden Koffer zu öffnen. Zu diesem Zweck wurde ein spezielles Schloss entwickelt, welches die Mitarbeiter dieser Behörde mit einem Generalschlüssel öffnen und wieder verschließen können, ohne es und den Koffer zu beschädigen.

Was Sie letztendlich an Garderobe für die Reise mitnehmen, ist natürlich Ihnen überlassen. Auch Sachen für kühlere Tage sollten dabei sein. Die Temperaturen im Yosemite-Nationalpark können zu dieser Jahreszeit schon mal auf unter 10 Grad fallen und in San Francisco ist es meist sehr windig und frisch. Man kann sich natürlich auch an Ort und Stelle einkleiden, was auch viele Touristen machen. Zum Beispiel in den vielen Outlet-Centern. Billiger als bei uns in Deutschland ist es allemal.

Heutzutage ist es normal, dass man ein Smartphone und eventuell auch ein Tablet hat und dieses auch mit in den Urlaub nimmt. Die Hotels in den USA haben in der Regel WLAN, teils ist es kostenlos, teils muss man ein paar Dollar dafür zahlen. Was ist aber mit Telefon? Normalerweise kann man mit einer SIM-Karte, die in Deutschland verwendet wird, in den USA nicht telefonieren. Auch benötigt man sicherheitshalber ein **Quadband-Handy** oder ein **Quadband-Smartphone**. Wer nur ein Triband-Handy besitzt, könnte unter Umständen in einigen Staaten der USA Probleme bekommen. Alle anderen Geräte funktionieren dort überhaupt nicht. Wer wissen will, ob sein Mobiltelefon USA-tauglich ist, schaut in die Bedienungsanleitung, ins Internet, fragt beim Hersteller nach oder informiert sich beim Händler. Nun kann man eine **SIM-Karte** auch direkt in den USA kaufen. Darüber kann ich jedoch nichts sagen, weil wir es anders gemacht haben. Wir haben einfach bei www.cellion.de eine SIM-Karte bestellt. Das ist kinderleicht. Die Karte funktioniert nur während der Reisezeit. Abgerechnet wird später in

Deutschland. Bei uns hat das einwandfrei funktioniert. Bei Ankunft in den USA legt man, am besten noch auf dem Flughafen, diese SIM-Karte ins Handy/Smartphone. Nach dem Einschalten wählt sich das Telefon automatisch ins Netz ein und Sie können sofort telefonieren.

Nun kann die Reise eigentlich losgehen. Es empfiehlt sich, bereits in Deutschland Euros in **Dollar umzutauschen**. Achten Sie dabei darauf, dass Sie genügend 1- und 2-Dollar-Scheine haben und wenn möglich keine Scheine größer als 50 Dollar mitführen, da diese nicht gern oder unter Umständen gar nicht angenommen werden. Die kleineren Scheine benötigt man immer mal als Tip oder auf Deutsch Trinkgeld. Zum Beispiel im Hotel, wenn ihr Wagen von einem Mitarbeiter des Hotels geparkt wird (Valet Parking). Bringt er das Auto vom Parkplatz zurück, dann bekommt er 1 bis 2 Dollar Tip, das ist so üblich. Von irgendwas muss der Mann schließlich auch leben.

An dieser Stelle noch ein wichtiger Hinweis für Personen, die Medikamente einnehmen müssen oder chronisch krank sind. Lassen Sie sich von Ihrem behandelten Arzt eine **Bescheinigung über die mitgeführten Medikamente** und deren Dosierung geben. Formulare gibt es u.a. online beim ADAC. Optimal ist, wenn Ihr Hausarzt zusätzlich noch Ihre **Reisetauglichkeit bestätigt**, dann sind Sie im Falle einer im Urlaub auftretenden Krankheit auf der sicheren Seite.

Zum Abschluss noch etwas in eigener Sache. Ich hatte ja von meiner Flugangst berichtet. Meine Hausärztin riet mir zur **Akupunktur**, zwei Sitzungen. Die letzte Sitzung fand einen Tag vor dem Flug statt. Mir hat es etwas geholfen, zumindest beim Hinflug. Beim

Rückflug hatte ich keine Dauernadeln mehr im Ohr. Sie waren durchs Duschen nach und nach abgefallen. Die als Ersatz eingenommene Beruhigungstablette konnte die Akupunktur jedoch in keiner Weise ersetzen.

Beinahe hätte ich es vergessen. Wichtig sind ausreichen **Adapter für die Steckdose**, denn unsere deutschen Stecker passen nicht in amerikanische 110-Volt-Steckdosen. Schließlich will man ja täglich die Akkus vom Fotoapparat oder vom Tablet und Smartphone aufladen. Die Ladegeräte sind heutzutage in der Regel alle sowohl für 110 als auch für 230 Volt geeignet. Steht auch drauf, wenn auch sehr klein geschrieben.

Hier noch einmal die Checkliste der 21 wichtigsten Punkte:

- Reiseroute festlegen
- Flug buchen
- Hochzeitstermin
- Eheringe kaufen
- Reisepass mit digitalisierten Fingerabdrücken
- Mietwagen buchen
- Europäischer Führerschein
- Internationaler Führerschein
- ESTA-Formular online ausfüllen
- Kreditkarte
- Auslandskrankenversicherung
- Hotels buchen
- Navigationsgerät mit USA-Karte
- Großer Koffer mit TSA-Schloss
- Quadband-Handy oder Quadband-Smartphone
- Eventuell SIM-Karte besorgen
- Geld umtauschen, auf kleine Scheine achten
- Ärztliche Bestätigung für mitgeführte Medikamente
- Reisetauglichkeitsbescheinigung
- Reisetabletten oder Akkupunktur gegen Flugangst
- Adapter für Steckdosen

Tag 1 - 13.05.2014 - Dienstag (Flug von Frankfurt/Main nach Las Vegas)

Bei einem Flug in die USA rät man, etwa drei Stunden vor Abflug am Flughafen zu sein. In unserem Falle war das 8:30 Uhr. Einer Anreise nach Frankfurt/Main mit dem Intercity Express zogen wir die Anreise mit dem eigenen PKW vor. Wir übernachteten im Turmhotel in Dreieichenhain. Ein sehr schönes Hotel, welches ich auch bei meinen Dienstreisen nach Sprendlingen häufig buche.

Unsere Anreise erfolgte demnach Montagabend und am Dienstag früh, nach einem leckeren Frühstück, fuhren wir zum Flughafen. Am Terminal wurde unser privates Auto um 8 Uhr von einem Mitarbeiter der Firma Holiday Extras entgegengenommen und zu einem Parkplatz etwa 15 Kilometer vom Flughafen entfernt gefahren. Diesen Park-Service für PKWs bietet Condor seinen Fluggästen an. Für 22 Tage bezahlten wir 143 Euro. Ein stolzer Preis. Jedoch würden wir ansonsten die Fahrkarten für den ICE bezahlen müssen. Außerdem entgingen wir, als eingefleischte Autofahrer, den Stress, mit der Bahn zu fahren. Sicher nicht sehr umweltbewusst, aber wenn man darüber nachdenkt, sollte man gänzlich auf solch eine weite Flugreise verzichten.

Das Einchecken ging recht schnell, denn wir konnten als Premium-Economy-Fluggäste einen separaten Schalter benutzen. Aber auch an den „normalen" Schaltern war zu dieser Zeit noch kein Betrieb.

Etwa eine Stunde vor dem Abflug mussten wir durch die Zollkontrolle, wo die Fluggäste und deren Handgepäck gründlich durchleuchtet wurden. Alles verlief reibungslos.

Um 11:50 Uhr der Take-off zu dem 11 Stunden und 30 Minuten dauernden Flug. Während des gesamten Fluges, außer beim Essen natürlich, da wurde das Teil ausgeschaltet, starrte ich wie versteinert auf den kleinen Monitor am Sitz des Vordermannes, wobei mir bei jeder verstrichenen Minute ein winziger Stein vom Herzen fiel. Ein wenig Flugangst war also doch noch vorhanden.

Gegen 14:30 Uhr Ortszeit landeten wir endlich in Las Vegas. Las Vegas von der Luft aus zu sehen war das erste Wow-Erlebnis unserer Rundreise. Die großen Hotels glitzerten in der Sonne, wie Diamanten. Die Landung war jedoch eine der schlechtesten, die ich je erlebt habe. Und das waren nicht viele.

Am Flughafen gab es die etwas nervige, aber unverzichtbare Zeremonie, wie sie bei einer Einreise in die USA üblich ist. Trotz der langen Schlange von Reisenden ging es erstaunlich schnell. Die üblichen Fragen: Was wollen Sie hier? Warum? Wie lange? Wohin reisen Sie? Und schließlich die Kontrolle der Fingerabdrücke. Der Officer, der uns kontrollierte, war jedoch sehr locker und machte auch mal ein Späßchen.

Schnell fanden wir heraus, dass sich die zentrale Stelle für Mietwagen nicht direkt am Flughafen befindet, sondern es verkehrt ein kostenloser Shuttle-Bus zu dem ein paar Kilometer entfernt gelegenen Gebäude.

Die Angestellte von ALAMO, der amerikanischen Mietwagenfirma, wollte uns überreden, einen kleineren Wagen zu nehmen. Was wir natürlich dankend ablehnten, denn unsere großen Koffer sollten problemlos im Kofferraum Platz finden. Nicht umsonst hatten wir uns für einen SUV entschieden. Lassen Sie sich bloß nicht auf solche Deals ein.

An der Ausgabestelle standen 5 SUVs, von denen wir uns einen Wagen aussuchen konnten. Wir entschieden uns für einen silbernen Toyota mit Automatikgetriebe. An der Ausfahrt drückte man uns ein mobiles Navi in die Hand, leider ohne Bedienungsanleitung. Nachdem wir ein paar Meter gefahren waren, hielt ich erst einmal an und gab die Adresse unseres Hotels ins Navi ein.

Die Umstellung auf die amerikanischen Straßenverhältnisse, oder sagen wir besser Straßenverkehrsverhältnisse, fiel mir nicht schwer. Sofort gefiel mir, dass die Ampeln in der Regel hinter der Kreuzung stehen bzw. hängen und zwischen den Ampeln oder an der Seite der Name der Querstraße steht. Eine sehr übersichtliche Lösung, bei der man sich nicht den Kopf verrenken muss.

Ausversehen die Höchstgeschwindigkeit zu überschreiten ist nahezu unmöglich. Zum einen wird sie bekanntermaßen auf dem Navi angezeigt und bei Überschreitung gibt es einen akustischen Hinweis. Zum anderen stehen auf der rechten Straßenseite ständig Schilder mit der Angabe der Höchstgeschwindigkeit in Meilen. In Städten schwankt sie meist zwischen 35 und 45 Meilen. An Schulen sind auch schon mal nur 25 Meilen angesagt.

Die Generalprobe hatte unser amerikanisches Navi, welches auch deutsch mit uns redete, sehr gut bestanden. Sicher landeten wir in unserem idyllischen Hotel Desert Paradise Resort und wurden freundlich empfangen. Auch meiner Bitte, nach einem „Room on the second floor" wurde anstandslos nachgegeben. Wir brauchten nicht mal einen Tip von 20 Dollar, wie das in Las Vegas so üblich sein soll, auf den Tresen oder in den Pass zu legen.

In diesem Hotel in Las Vegas hatten wir nebenbei gesagt das beste Zimmer während unserer gesamten Rundreise. Die große Hotelanlage besteht aus mehreren kleinen Häusern, jeweils mit 4 Appartements. Jedes Appartement hat ein separates Schlafzimmer mit zwei Kingsize-Betten, einen begehbaren Kleiderschrank mit Safe und ein großes Wohnzimmer mit amerikanischer Küche. Bad und Toilette sind getrennt. Außerdem gibt es einen Raum mit einer Waschmaschine und einem Trockner. Auch ein kleiner Balkon ist vorhanden, wo man abends in Ruhe sein kleines Bier aus dem Supermarkt, die Flasche für läppische 3,50 Dollar, trinken kann. Kaffee gibt es nebenbei gesagt an der Rezeption kostenlos.

Nachdem wir uns etwas akklimatisiert und frisch gemacht hatten, fuhren wir zum ersten Mal zum Biomarkt Whole Foods. Einen derartigen Markt hatten wir noch nie vorher gesehen. Wir waren total begeistert. Vor allem meine Frau war hin und weg und das freute mich sehr. Er war in keiner Weise mit unseren Märkten zu vergleichen. Unmittelbar am Eingang gab es Desinfektionstücher zum Reinigen der Einkaufswagen-Griffe. Der Markt selber erschien pieksauber und nirgends empfanden wir unangenehme Gerüche. Das Obst und Gemüse war in den Regalen von Hand gestapelt und wurde mit feinen Wassertröpfchen berieselt, damit es frisch bleibt. Es sah aus, wie gemalt. Kein Wunder, denn nicht ohne Grund nennt man Kalifornien den Sonnenstaat. Dort gibt es nahezu ideale Bedingungen für das Gedeihen von Pflanzen. Einzig und allein das Wasser, welches in der Wüste ja nicht übermäßig vorhanden ist, könnte ein Problem werden. An großen Selbstbedienungstheken gab es für jeden Geschmack etwas zum Essen, egal ob kalt oder warm. Ganz gleich, ob man Vegetarier, Veganer oder ein „ganz normaler" Mensch ist, für alle gab es köstliche Leckereien, unter anderem eine Vielzahl an Salaten, mehrere Olivensorten, Reis oder Kartoffeln, allerlei verschiedenes Gemüse, gekocht, gegrillt, paniert. Und wie das duftete. Bereits bei der Auswahl der Speisen lief uns das Wasser im Mund zusammen.

An Fleisch gab es meist Hühnchen in mehreren Variationen. Auch eine Fischtheke war vorhanden. Es wurden nicht nur fünf verschiedene warme Suppen angeboten, sondern auch diverse Kaffee- und Milchsorten. Der Preis für das Essen richtete sich nach Gewicht. Das Pfund, in den USA etwas mehr als 450 Gramm, kostete 8,49 Dollar, nach damaligem Umrechnungskurs zwischen 6 und 6,50 Euro. Ich finde, das ist ein sehr guter Preis. 450 Gramm wollen erst mal verdrückt sein. Auf alle Fälle ist es eine sehr gute Alternative zum amerikanischen Fast Food oder den preisintensiven Restaurants. Vor allem, wenn man gesundes Essen ohne gesundheitsgefährdender Zusatzstoffe vorzieht.

Gegen den großen Durst deckten wir uns mit zwei Paletten, jeweils 24 halbe-Liter-Flaschen, Wasser ein. Die Palette kostete nur 5,50 Dollar. Später erst fanden wir auch heraus, warum das Wasser so günstig war. Außerdem kauften wir für die nächsten Tage noch ein paar gesunde Lebensmittel ein, damit wir unterwegs auch mal ein kleines Picknick machen konnten.

Am ersten Abend wollten wir noch nicht auf den Strip gehen, sondern gegen unseren Jet-Lag ankämpfen. Deshalb beschlossen wir, nach dem Sonnenuntergang ins Bett zu gehen.

Tag 2 - 14.05.2014 - Mittwoch (Las Vegas)

Unsere erste Nacht in Las Vegas verbrachten wir viel besser, als wir anfangs befürchteten. Dachten wir doch, der Jet-Lag würde uns mehr zu schaffen machen. Immerhin beträgt der Unterschied zwischen Kalifornien und Deutschland neun Stunden. Ich glaube, das Beste ist, sich einfach nach der Uhr zu richten und den Zeitunterschied zu verdrängen. Letztendlich waren wir sehr froh darüber, dass wir zwischen Ankunft und Hochzeitstermin einen Tag zum Akklimatisieren eingefügt haben.

An diesem Tag hatten wir einen Ausflug in den etwa 80 Kilometer nordöstlich gelegenen Valley of Fire State Park, dem ältesten und größten State Park Nevadas, geplant. Doch zuvor frühstückten wir kurz aber intensiv bei Whole Foods und kauften uns danach im Wal-Mart eine Kühlbox aus Styropor einschließlich Crash-Eis. Das Ganze für 4,50 Dollar. Bei Temperaturen von mehr als 35 Grad ist eine derartige Kühlbox für Speisen und Getränke unerlässlich.

Der Weg zu dem State Park führte uns nicht, wie im Reiseführer zu lesen war, über die Interstate 15 nach Norden. Im Gegenteil, unser Navi schlug einen anderen Weg Richtung Osten ein. Wir dachten uns aber nichts dabei und verließen uns darauf. Schließlich war es ja ein amerikanisches Navi und kannte sich in diesem Straßengewirr sicher besser aus, als so ein herkömmlicher deutscher Reiseführer. Wir fuhren auf einer ziemlich einsamen und staubigen Wüstenstraße einige Kilometer am Hoover-Stausee, dem Lake Mead, entlang. Schließlich mündete die Straße auf eine andere Straße, bei der wir nur die Wahl hatten, entweder nach links oder nach rechts zu fahren. Rechts ging es zum Hoover-Staudamm und links zum Valley of Fire.

Zunächst machten wir eine kurze Stippvisite zum Hoover-Dam (wird im Englischen nur mit einem „m" geschrieben) oder auch Hoover-Talsperre genannt. Ein sehr beeindruckendes Bauwerk, welches auch gleichzeitig die Grenze zwischen den Bundesstaaten Nevada und Arizona bildet. Die Grenze verläuft genau in der Mitte der Staumauer. Das hat zur Folge, dass im Winter, von der einen Seite der Staumauer zur anderen Seite, also von Nevada nach Arizona, eine Stunde Zeitunterschied ist. Im Sommer nicht, weil es in Arizona keine Sommerzeit gibt.

Der 170 Kilometer lange Lake Mead ist nicht nur der größte der USA, sondern auch einer der größten weltweit. Die Talsperre, die den Colorado staut, dient hauptsächlich der Energiegewinnung. Der größte Teil des Stromes wird nach Las Vegas und nach Süd-Kalifornien geliefert. Außerdem wird durch den Hoover-Dam die Wasserabgabe nach Nevada, Arizona und Kalifornien kontrolliert. Somit kann Überschwemmungen und Dürreperioden entgegengewirkt werden.

Nach einem Dutzend Fotos ging es endlich zum Valley of Fire. Die roten Sandsteinformationen waren schon von Weitem zu erkennen. Doch bevor wir das Valley erreichten, machten wir einen kurzen Stopp an einer Oase, deren saftiges Grün der Sträucher und Palmen mitten in der öden Sandwüste uns sofort ins Auge stach. Da sich auch noch ein kleiner See in der Mitte befand, wurden wir neugierig und hielten an. Uschi wollte sich gleich in dem glasklaren Wasser erfrischen und kniete sich am Ufer hin. Gott sei Dank konnte ich rechtzeitig das Warnschild erkennen und auch übersetzen. Sofort schrie ich Uschi an: „Weg vom Wasser! Das ist gefährlich." Tatsächlich stand auf dem Schild sinngemäß, dass sich in dem Wasser irgendwelche Lebewesen befinden, die, wenn man den Kopf oder die Nase ins Wasser hält, in die Nasennebenhöhlen kriechen und dort lebensgefährliche Entzündungen auslösen können. Ganz schön eklig. Das wollten wir natürlich auf keinen Fall riskieren, auch wenn im Schatten über 40 Grad herrschten. Wir hatten ja unser eisgekühltes Wasser mit. Die eigentlich sehr idyllische Oase kam uns unheimlich vor und wir beschlossen umgehend weiterzufahren. Es war ein kurzer Aufenthalt.

Der Eingang zum Valley of Fire war etwas ungewöhnlich. Auf einer Tafel konnte man lesen, wie viel Eintritt es kostete, 10 Dollar pro Person, wenn man mit dem Auto unterwegs ist. Die 20 Dollar musste man in einen Umschlag stecken und das Kennzeichen des Wagens darauf schreiben. Nachdem man den Kontrollschein abgetrennt hatte, warf man den Umschlag in einen Briefkasten. Das war alles. Bei einer eventuellen Kontrolle zeigte man nur den Kontrollschein und der Kontrolleur konnte dann in dem zugehörigen Umschlag nachschauen, ob das vorgeschriebene Eintrittsgeld entrichtet wurde. Wir wurden jedoch nicht kontrolliert.

Die teilweise faszinierenden Formen der roten Sandsteine sind sehr beeindruckend. Bei einem Besuch in Las Vegas sollte unbedingt ein Besuch dieses State Parks mit im Programm stehen. Zumal das Valley mit 80 Kilometer Entfernung normalerweise in reichlich einer Stunde zu erreichen ist.

Ziemlich am Anfang des Parks hat man einen wundervollen Blick auf den wohl bekanntesten Felsen, den Elephant Rock. Das Valley of Fire wurde etwa 1500

Jahre, von ca. 300 v. Chr. Bis 1150, von Indianern besiedelt. Anfangs von den Basketmaker- und später von den Anasazi-Indianern. An vielen Felswänden findet man heute noch relativ gut erhaltene Zeichnungen, sogenannte Petroglyphen. Diese können aber auch im Visitor Center besichtigt werden.

Im State Park gibt es einige, mehr oder weniger lange, Wanderwege. Dazu benötigt man festes Schuhwerk und einen großen Vorrat an Trinkwasser. An manchen Tagen steigt die Temperatur hier schon mal auf nahe 50 Grad Celsius. Wir hatten großes Glück. Bei uns zeigte das Thermometer gerade mal kühle 40 Grad Celsius an.

Während unserer Wanderung durch die roten Felsen des Valleys hatte sich eine Wespe in meiner Kopfbedeckung verfangen. Meine Befreiungsaktion deutete sie jedoch als Angriff. Aus Angst stach sie mich in den Hals, was sehr schmerzhaft war. Kurzerhand brachen wir unsere Wanderung ab, begaben uns zurück zum Auto und ich kühlte die gefühlte melonengroße Geschwulst mit eiskaltem Wasser aus der Kühltruhe.

Nachdem die Schmerzen etwas abgeklungen waren, fuhren wir noch ein Stück weiter bis zum Visitor Center. Uschi hat dort einen leckeren vegetarischen Snack zu sich genommen. Soll ganz gut geschmeckt haben, das Grünzeug. Ich hatte in der großen Hitze keinen Hunger und hielt mich lieber an das gekühlte Wasser.

Vom Visitor Center führte die Straße bis zum Mouse Tank, einem Bassin, welches Regenwasser auffängt. Wenn man von dort aus noch ein Stück zu Fuß geht, erreicht man einen der imposantesten Aussichten des State Parks, den Rainbow Vista. Diesen wunderschönen Blick auf die Felsen, die in allen Farben des

Regenbogens leuchten, sollten Sie sich nicht entgehen lassen.

Nach ein paar Meilen durch eine herrliche Landschaft endet die White Domes Scenic Road, so heißt die Straße, die durch den State Park führt, in einer Sackgasse. Man ist am White Domes, der gleichnamigen Felsformation angekommen. Auf dem Rückweg hielten wir kurz bei den Seven Sisters, 7 bizarre Sandsteinformationen, um ein paar letzte Fotos zu machen.

Zum Schluss möchte ich noch auf ein paar Highlights hinweisen, die jedoch teilweise nur zu Fuß zu erreichen sind, wie die Beehives, die größten Sandstein-Bienenstöcke der Welt, den Arch Rock oder die Petrified Logs, 225 Millionen Jahre alte versteinerte Baumstämme.

Sie merken schon, für einen Besuch im Valley of Fire sollte man unbedingt einen ganzen Tag einplanen und wenn möglich bis zum Sonnenuntergang bleiben. Denn erst dann scheinen die Felsen zu glühen und leuchten Knallrot bis Violett. Camper haben hier sicher einen kleinen Vorteil. Apropos Camper, für Camping-Freunde möchte ich erwähnen, dass es im Park zwei hervorragende Campingplätze gibt. Sie sollen zu den Besten im gesamten Südwesten der USA gehören und haben sogar solarbeheizte Duschen. Da sie nicht reserviert werden können, sollten sich Campingfreunde schon sehr früh darum bemühen.

Auf unserem Rückweg führte uns unser Navi schon wieder nicht über die Interstate 15, was mich langsam stutzig machte.

Nachdem wir uns im Hotel etwas frisch gemacht hatten, ging es endlich auf den Las Vegas-Boulevard, den sogenannten Strip. Wir fuhren mit dem Auto, denn parken kann man in der Nähe des Strip in jedem Hotel kostenlos. Unser erster Besuch galt dem Hotel Luxor, welches die Form einer Pyramide hat und vor dessen Eingang eine gigantische Sphinx steht. Die riesige Eingangshalle ist klimatisiert und roch nach ägyptischen Gewürzen. An der Rezeption standen Dutzende Menschen und wollten einchecken. Spätestens jetzt waren wir froh, uns lieber für das etwas abgelegene Hotel Desert Paradise Resort entschieden zu haben.

Von der Eingangshalle führt auf der einen Seite, wie kann es anders sein, ein Weg direkt ins Casino. Bei einem anderen Weg reihen sich Boutique an Boutique und Bar an Bar. Das Hotel Luxor ist über eine Ladenstraße unmittelbar mit dem räumlich ersten Hotel am Strip, dem Mandalay Bay, verbunden, sodass man teilweise gar nicht weiß, in welchem Hotel man sich gerade befindet.

Wieder auf dem Boulevard angekommen, standen wir plötzlich vor dem Hard Rock Café. Aufgrund der vielen bunten Leuchtreklame war es auch nicht zu übersehen. Ich wollte schon immer mal ein T-Shirt von solch einem Café haben, erst recht von einem aus Las Vegas. Da ich zum ersten Mal in einem Hard Rock Café war, musste ich die Eindrücke, sowohl vom Café mit den vielen Erinnerungsstücken von Sängern und Gruppen als auch vom Shop erst einmal auf mich wirken lassen. Im Shop war ein T-Shirt schöner als das andere. Die Auswahl fiel uns sehr schwer. Schließlich konnten wir uns doch noch entscheiden und tätigten unsere ersten Einkäufe in den USA. Dabei bemerkten wir, dass die Preise an den Kleidungsstücken immer ohne Mehrwertsteuer angezeigt werden. Es ist zu beachten, dass es in den USA keine einheitliche Mehrwertsteuer gibt. Die sogenannte Sales Tax (Verkaufssteuer) ist von Bundesstaat zu Bundesstaat unterschiedlich hoch. Manchmal variiert sie auch von Stadt zu Stadt. Die Stadt kann außerdem zusätzlich noch eine Steuer erheben. Das mit der Verkaufssteuer ist sehr kompliziert, weshalb ich auch nicht näher darauf eingehen möchte. In der Regel beträgt sie etwa 8 bis 12 Prozent, in Nevada sogar nur 6,85 Prozent. Interessant ist vielleicht, dass Lebensmittel und vom Arzt verschriebene Medikamente nicht versteuert werden und, dass man in Nevada, wie noch in 6 anderen Bundesstaaten keinerlei Einkommenssteuer zahlen muss. Ein Traum. Aber warum gerade in Las Vegas?

Schon ziemlich pflastermüde und mit unseren ersten Trophäen aus Las Vegas gelangten wir am Ende unseres Strip-Bummels zum Hotel Bellagio. Die Außenanlage des Hotels wurde der Landschaft des italienischen Comer Sees nachempfunden. Das Besondere an dem von einer Grundwasserquelle gespeisten See sind dessen Springbrunnenfontänen, den Fountains of Bellagio, einer computergesteuerten Wassershow. Über 1200 im See installierte Düsen und rund 4000 Lampen können das Wasser über 140 Meter in die Höhe schießen lassen. Viele der installierten Düsen sind beweglich und können ihren Strahl im Takt von Musikstücken „tanzen" lassen. Diese einmalige Show kann man täglich zwischen 15 und 24 Uhr mehrmals pro Stunde bewundern. Als wir am See waren, wurde „Time to Say Goodbye" von Sarah Brightman & Andrea Bocelli und „Your Song" von Elton John gespielt. Diese beeindruckende Show ist ein unbedingtes Muss für jeden Las Vegas Besucher.

Was uns am Strip am meisten beeindruckt hat, war die Sauberkeit. In jedem Hotel glänzte der Fußboden. Ganze Putzkolonnen waren damit beschäftigt, eventuellen Schmutz zu beseitigen und den Fußboden zu wischen. An jeder Ecke gab es kostenlose, saubere Toiletten und überall roch es frisch, obwohl in den Casinos geraucht werden durfte. Toll fanden wir auch die Hochbahn, die in mehreren Etappen am Strip von Hotel zu Hotel fährt und die man kostenlos benutzen kann.

Auch, wenn es etwas komisch klingt. Wir haben in den Casinos nicht einmal unser Glück versucht. Aus Spaß hätten wir es ja mal machen können. Aber dazu war uns unser Geld zu schade. Sollen es andere für uns tun. Am Ende gewinnt doch immer die Bank. Wie im richtigen Leben. Das sieht man ja ganz deutlich an den protzigen riesigen Hotels, die mit ihren Attraktionen und Boutiquen massenhaft die Touristen anziehen. Es ist aber schon gigantisch, was da in einigen Hotels so abgeht. Im Hotel New York New York gibt es zum Beispiel eine Achterbahn, die um das Hotel herum gebaut wurde. Das Hotel selbst stellt die Silhouette von Manhattan dar und vor dem Hotel hat man einen Teil der berühmten Brooklyn Bridge, eine der ersten Hängebrücken der USA, nachgebildet. Entworfen hat die Originalbrücke in New York der aus Mühlhausen in Thüringen stammende Ingenieur John August Roebling. Als Vorbild für die Gestaltung der Türme dienten ihm dabei die gotischen Bogenfenster der Divi-Blasii-Kirche seiner Heimatstadt.

Mit einem Kopf voller Eindrücke ging es nach 23 Uhr wieder zurück ins Hotel. Ein sehr anstrengender aber interessanter und unvergessener Tag lag hinter uns, der mich noch in meinen Träumen begleitete.

Tag 3 - 15.05.2014 - Donnerstag (Las Vegas)

Nun war es endlich soweit. Unser großer Tag war angebrochen. Die Aufregung war nicht mehr zu verbergen. Nach einem kleinen Frühstück mit Speisen, die wir am Vorabend im Biomarkt eingekauft hatten, wie leckeren Mandelmilch-Espresso, Schweizer Käse, Salami ohne Nitropökelsalz und German Bauernbrot begannen wir mit den Vorbereitungen auf den schönsten Tag in unserem Leben.

Etwas von der Norm abweichend war unser Outfit für die Hochzeitsfeier. Uschi trug ein bayerisches Dirndl und ich eine fesche Lederhose mit Pfoad, einem Trachtenhemd, und dazu passende Haferl-Schuhe. Aber das war pure Absicht. Schließlich wollten wir das in den USA herrschende Klischee der Deutschen bedienen.

Pünktlich 13 Uhr wurden wir standesgemäß mit einer weißen Stretch-Limousine vom Hotel abgeholt. Unterwegs stieg, ich nenne sie mal Silvia, die General Managerin der Hochzeitsfirma, zu. Sie erklärte uns in kurzen Worten den Ablauf der Hochzeit. Wir fuhren zunächst zum Rathaus, dem Courthouse, wie man in den Staaten sagt, um die erforderliche Heiratslizenz zu beantragen. Das verlief recht unkompliziert, war auch nicht anders zu erwarten. Silvia spielte den Dolmetscher zwischen uns und der Beamtin und korrigierte noch ein paar Fehler. Anschließend ging es weiter zur Kapelle Wedding Chapel.

Vor der eigentlichen Zeremonie führte der Trauungsminister, ich nenne sie mal Andrea, noch ein kurzes Gespräch mit uns, damit sie in die Rede einige private Dinge mit einfließen lassen konnte. Und im Hinblick auf die Filmaufnahmen gab sie uns vor der Zeremonie genaue Instruktionen über deren Ablauf. Trotzdem machten wir eine ganze Menge falsch.

Um 14:15 Uhr, unter den Klängen von Bartholdys Hochzeitsmarsch, begann die Zeremonie mit dem Einmarsch von Braut und Bräutigam. Gleich danach trällerte Elvis das erste Lied: „Falling in Love". Nein trällern konnte man es wirklich nicht nennen. Der falsche Elvis sang fast wir der echte Elvis. Wir hatten wirklich Glück.

Andrea's anschließende Rede war sehr ergreifend. Wir waren einige Male den Tränen nahe, was man im Film gut sehen kann.

Etwa nach zehn Minuten, um 14:26 Uhr kam unser beider Jawort. Danach tauschten wir die Ringe und Andrea meinte: „Armin, Du darfst die Braut jetzt küssen." Elvis gratulierte uns und anschließend trug er seinen großen Hit „Love me Tender" vor. Elvis musste mehrmals lachen. Bestimmt hatte er erwarte, dass wir es ihm gleich tun und losrocken würden, doch stattdessen standen wir stocksteif auf der Stelle und rührten uns nicht. Das hätte man uns aber vorher sagen sollen, dass bei der Hochzeit die Luzi abgeht. Wir gingen davon aus, dass die Zeremonie etwas Feierliches ist und wir uns entsprechend verhalten müssten. In Las Vegas ticken die Uhren anders. Man kann aber auch nicht mal sagen: Das nächste Mal wissen wir Bescheid. Wir nahmen es mit Gelassenheit, und jedes Mal, wenn wir uns den Film anschauen, lachen wir uns kaputt.

Nachdem Andrea noch ein paar Worte an das nun frisch vermählte Brautpaar gerichtet hatte, sang Elvis den obligatorischen Hit, passend zur Location „Viva Las Vegas", der wohl bei allen Hochzeiten in Las Vegas gesungen wird. Zuvor verteilte er hässlich grüne Sonnenbrillen, die wir auch noch aufsetzen sollten. Dann steppte der Bär aber richtig (mit Bär bin in diesem Fall ich gemeint). Er forderte uns zum Tanzen auf. Wir legten einen Rock and Roll auf das Parkett bzw. den roten Teppich der Kapelle, dass sich nur so die Balken bogen und Andrea und Silvia vor Staunen der Mund offen stand. Obwohl wir dabei ganz schön ins Schwitzen kamen, brüllten wir am Ende im Chor: „Zugabe, Zugabe, Zugabe." Aber Elvis verstand uns leider nicht.

Ja, das war's dann auch schon. Arm in Arm verließen wir die Kapelle wieder, für den Film. Danach sind wir natürlich wieder reingegangen. Wir mussten ja noch Fotos machen. Zehn Fotos wurden während der Trauungszeremonie geschossen und 40 danach, mit Silvia, Andrea und Elvis. Das alles wurde ergänzt mit einem professionellen Film der Hochzeitsfeier. Eine sehr schöne Erinnerung. Im Nachhinein betrachtet fand ich die Hochzeit sehr schön. Die Rede von Andrea war sehr ausführlich, keine 0815-Rede von anderen Billig-Hochzeiten vom Fließband, die es ja geben soll.

Vor unserer Rückfahrt ins Hotel machte der Fahrer der Stretch-Limousine noch ein paar Fotos von uns vor der Kapelle. Ebenso bei der Ankunft auf dem Hotelgelände.

Fall Sie auch vorhaben, in Las Vegas zu heiraten, können Sie mich gern kontaktieren. Meine Email-Adresse lautet **armin.sendner@aol.de**. Ich kann Ihnen dann noch einige **sehr wichtige** Informationen nachreichen, die ich in diesem Buch nicht erwähnt habe.

Nachdem wir uns im Hotel etwas frisch gemacht hatten, fuhren wir zu dem Kult-Symbol von Las Vegas überhaupt, dem „Welcome Fabulous Las Vegas"- Zeichen am Las Vegas-Boulevard. An diesem Ort Fotos zu machen ist einfach Pflicht. Dementsprechend voll war es auch. Kaum jemand weiß, dass dieses im Jahre 1959 aufgestellte Schild gar nicht in Las Vegas steht, sondern 6,5 Kilometer außerhalb der südlichen Stadtgrenze, in Paradise, einem Vorort von Las Vegas. Aber das ist auch nicht so wichtig.

Für den Abend hatten wir uns spontan etwas ganz besonders ausgedacht, und zwar einen Besuch im Hofbräuhaus. Ja, das ist kein Scherz, in Las Vegas, in der Paradise Road, hat man detailgetreu das Münchener Hofbräuhaus nachgebaut. Eigentlich war unser Besuch gar nicht so spontan. Ich hatte von Deutschland aus bereits vorbestellt und Uschi später das Hofbräuhaus so schmackhaft gemacht, dass sie gar nicht „Nein" sagen konnte. Außerdem passte es am besten zu unserem Outfit. Es spielte sogar eine Band aus Deutschland. Den Namen habe ich vergessen. Schade, nur wenige Monate vorher spielten hier die Dorfrocker. Da wäre hier aber die Luzi abgegangen. Vor allem, weil wir immer noch den Hüftschwung von Elvis drauf hatten.

Leider gab es an diesem Donnerstag keine Haxen, die gibt es nur samstags nach 16 Uhr. Somit musste ich mich mit einem gechlorten Grillhendl zufriedengeben. Dazu trank ich ein Maß Bier. Uschi bestellte sich einen Hofbräuhaus-Chef-Salat mit Schinken und Schweizer Käse. Dazu einen Tonic. Obwohl die Stimmung ganz gut war und die Band auch öfter mal das Lied „In Las Vegas stands a Hofbräuhaus …" anstimmte, verließen wir nach knapp zwei Stunden dieses Haus, um an den Strip zu gehen. Nicht nur, weil die Preise mit fast 20 Dollar für ein Maß Bier ziemlich gepfeffert waren, nein auch, weil wir am Vortag nicht alles vom Strip gesehen hatten. Der Strip hat einfach ein eigenes Flair und eine besondere Anziehungskraft. Wer schon einmal dort war, wird es sicher bestätigen können.

Wir fuhren bis zum Hotel Venetian und parkten dort. Uschi fuhr natürlich, denn ich hatte ja schon einen Liter Bier intus und in den Staaten gibt es das 0,0-Promille-Gesetz. An das sollte man sich strikt halten. Streng genommen zählen auch angetrunkene oder trinkende Beifahrer neben einem nüchternen Fahrer und geöffnete Alkohol-Flaschen im Innenraum des Fahrzeugs zum Verstoß „Alkohol im Verkehr".

Von diesem Hotel hatte ich vorher schon eine Menge gehört. Zum Beispiel, dass man im Hotel auf einem künstlichen Fluss mit einer Gondel fahren kann, als wäre man auf dem Canale Grande in Venedig. Ich hatte also bereits gewisse Vorstellungen. Doch was ich dann an Ort und Stelle sah, übertraf diese um ein Vielfaches. Die Außenfassade wurde dem Dogenpalast nachempfunden und vor dem Eingang befindet sich die Nachbildung der Rialto-Brücke, über die ein Rollsteig oder wie sagt man, ein rollender Fußweg führt.

Entlang des Kanals gibt es Dutzende Häuser im italienischen Stil mit Geschäften, Boutiquen, Cafés und Gaststätten. Doch der Clou war der künstliche Himmel mit ein paar Schäfchenwolken. Draußen war es stockdunkel und im Hotel war es, dank des künstlichen Himmels, taghell. Mitten im Hotel hat man den Eindruck, auf einem italienischen Marktplatz zu stehen. Es war traumhaft schön. Zu dem Hotel gehört auch ein Madam Tussauds Wachsfigurenkabinett.

Vom Hotel Venetian ging es hinüber auf die andere Straßenseite zum Hotel Mirage, deren gesamte Hotelanlage im Stil eines tropischen Regenwaldes mit üppiger Bepflanzung und Wasserfällen angelegt wurde. Die goldenen Fenster sind mit echtem Goldstaub gefärbt. Von 20 bis 24 Uhr kann man hier stündlich einen künstlichen Vulkanausbruch erleben. Wir hatten Glück und kamen gerade dazu, wie der Vulkan unter mächtigem Getöse ausbrach. Gott sei Dank gab es keine Verletzten. Das 1989 eröffnete und zu dieser Zeit mit Baukosten von 630 Millionen Dollar teuerste Hotel der Stadt wurde vor allem berühmt durch die grandiosen Shows von Siegfried & Roy, die von 1990 bis 2003 hier mit 5750 Auftritten 10,5 Millionen Zuschauer begeisterten. Die Tiger, Löwen und Delfine von Sigfried & Roy können heute noch im hoteleigenen Garten besichtigt werden. Gegenwärtig, genauer gesagt seit 2006, tritt in diesem Theater der Cirque du Soleil auf.

Am Strip ist es, anders als in den meisten Orten den USA, erlaubt Alkohol auf offener Straße zu trinken. Da ich beide Hände voll mit Kamera und Camcorder hatte, musste Uschi den Böllerwagen mit dem Kasten Bier ziehen. Sie blieb immer in Reichweite hinter mir. Nein, natürlich nicht. Das war nur Spaß. Wo sollten wir auch in Las Vegas einen Böllerwagen herbekommen. Zwei aus Deutschland mitgebrachte ALDI-Tüten haben es auch getan.

Neben dem Mirage befindet sich das im Stil eines antiken römischen Palastes errichtete Hotel Caesars Palace. Für mich, neben dem Hotel Venetian, eines der schönsten und imposantesten Hotels am Strip in Las Vegas. Vor allem die Forum Shops, ein Einkaufszentrum im antiken Stil mit 150 Geschäften und 15 Restaurants, erfreuen sich großer Beliebtheit. Darin befinden sich die bekannten, spiralförmigen Rolltreppen. Ebenfalls an das Hotel Venetian erinnert eine mediterran anmutende Mall im Inneren des Hotels, die auf einem großen Platz endet. Auch über diese künstliche Gasse spannt sich ein Wolkenhimmel, der die Sonne auf- und untergehen, Wolken vorbeiziehen und Sterne funkeln läßt. Ein großer Brunnen, der Trevi-Brunnen, mit Figuren, den Allegorien, ist wohl das Highlight des Platzes, das selbst das Original in Rom verblassen läßt. Gäste, die im Hotel wohnen, können außerdem eine gigantische Pool-Landschaft mit Spa und Fitness-Bereich, genannt „The Garden of God", genießen, wo man sogar „oben ohne" baden darf.

Nachdem wir fast eine halbe Stunde neben dem Brunnen auf einer Bank gesessen hatten und das bunte Treiben auf der Mall beobachteten, spürten wir, dass es an der Zeit war, zurück ins Hotel zu fahren. Man sollte nicht unterschätzen, dass ein Bummel auf dem 6,8 Kilometer langen Strip mit der Zeit sehr anstrengend wird. Nicht nur wegen der auch nachts sehr hohen Temperaturen von zeitweise um die dreißig Grad. Den weitaus größten Teil des Weges legt man sicher innerhalb der Hotels zurück. Den Strip in nur einem Tag, geschweige denn Abend, zu erkunden ist ein schier aussichtsloses Unterfangen. Drei Tage sind sicher das Mindeste, um die Highlights der Hotels und die unzähligen Shops einigermaßen gründlich unter die Lupe zu nehmen.

Kaum zu glauben: Auf dem Gelände (Parkplatz) des Hotels Caesars Palace haben 1981 bis 1982 Formel-1-Rennen stattgefunden.

Tag 4 - 16.05.2014 - Freitag (Las Vegas - Grand Canyon)

An diesem Tag war ein Ausflug zum Grand Canyon geplant. Die Route führte uns stundenlang durch eine trockene, staubige und karge Landschaft mit teilweise bizarren Felsformationen. Prägend für diese Wüste sind der Wüstensalbei und andere Pflanzen. Die Weite des Landes, die Unendlichkeit der Highways ist es aber gerade, was einem ein Gefühl von Freiheit gibt.

Während der Fahrt fielen uns immer wieder Häuser auf, die, meist aus Holz gebaut, irgendwo einsam in der verlassenen Wüste standen. Meist stehen dann vorn an der Straße diese typisch amerikanischen Mailboxen. Das dazugehörige Haus steht jedoch ein oder zwei Kilometer entfernt. Woher bekommen die eigentlich Strom und Wasser?

Ein paar Kilometer vor dem Grand Canyon Nationalpark zeigte uns ein großer Stein, dass wir nun ins Stammesgebiet der Walapai- oder auch Hualapai-Indianer fuhren. Das Gebiet wird von ihnen auch teilautonom verwaltet. Ich finde es toll, dass den eigentlichen Ureinwohner der USA damit eine partielle Wertschätzung entgegengebracht wird.

Die Straßen waren alles andere, als gut. Kilometerlange Baustellen zwangen die Besucher, auf staubige Schotterpisten auszuweichen.

Vor dem Haupteingang zum Grand Canyon West befindet sich ein riesiger Parkplatz. Daneben ist der Startplatz für Helikopter-Rundflüge. In dem Eingangsgebäude kann man nicht nur Eintrittskarten kaufen, es ist gleichzeitig auch ein Souvenir-Shop. Der Eintritt in den Nationalpark kostete 87 Dollar für zwei Personen.

Da wir beide Höhenangst haben, verzichteten wir auf den im Jahre 2007 eingeweihten Skywalk, der felsenförmigen Plattform, die 1200 Meter über dem Colorado River schwebt. Dieses Vergnügen hätte 29,95 Dollar pro Person extra gekostet. Beachten Sie bitte, dass man auf dem Skywalk weder fotografieren noch filmen darf. Wer trotzdem ein Foto kaufen möchte, kann dies für läppische 30 Dollar im Souvenir-Shop tun.

Man fährt mit dem Bus zwei Aussichtspunkte an, den Eagle Point und den Guano Point. Der Erste bietet dem Betrachter einen gewaltigen Blick auf eine Felsformation, die der Form eines Adlers mit ausgestreckten Flügeln gleicht und ein wichtiges Heiligtum der Walapai-Indianer darstellt.

Wenn man zum ersten Mal vor dem gewaltigen und faszinierenden Naturwunder Grand Canyon steht, fühlt man sich als Mensch so klein, unscheinbar und der Natur um ein Vielfaches unterlegen. Es gibt wenige Stellen, an denen man solch einen imposanten Blick auf die Schlucht und die riesigen Felsformationen hat. Es scheint so, als würden sie in der Unendlichkeit versinken. Nirgendwo in den Vereinigten Staaten bekommt man in dieser Form gezeigt, wie riesig dieses Land ist. Man kann es sich kaum vorstellen, aber die zwischen 6 und 30 Kilometer breite Schlucht des Grand Canyon ist etwa 450 Kilometer lang und stellenweise bis zu 1800 Meter tief. Wer Höhenangst hat, sollte nicht so nah an den Abgrund gehen. Ich habe mich gewundert, dass es nirgends Geländer gibt. Wiederum kann man ja auch nicht um das gesamte Canyon ein Geländer errichten.

Die 3 Kilometer bis zum Guano Point fährt man wieder mit dem Bus. An diesem Aussichtspunkt, der tief in das Grand Canyon hineinragt, hat man einen sehr spektakulären Rundumblick auf das westliche Gebiet des Canyons. Dazu sollte man jedoch bis zur Spitze vorgehen. Dort befinden sich auch Überreste der ehemaligen Guano Point Mine. Bis Ende der 50iger Jahre wurde hier Guano (ein wertvoller Düngemittelbestandteil) gefördert.

Am Guano Point befindet sich auch das beliebte Hualapai-Büffet und der Hualapai-Markt, wo u. a. stammesangehörige Künstler ihre Werke feilbieten.

Das Grand Canyon ist natürlich sehr beeindruckend. Zeigt es uns doch, welche Kraft ein Fluss haben muss, sich im Laufe der Jahrmillionen so tief in den Fels zu waschen. Was man an diesen beiden Punkten sieht, ist jedoch nur ein sehr kleiner Teil des Canyons. Wer mehr sehen möchte und keine Flugangst hat, kann das Canyon mit dem Heli erkunden. Ich wäre gern noch ein wenig länger am Grand Canyon, dem Symbol des Südwestens, verweilt. Gern wäre ich auch mal unten am Colorado spazieren gegangen oder hätte eine Bootstour gemacht. Aber dafür braucht man viel mehr Zeit. Zeit, die wir uns bei unserem nächsten Besuch im Westen der USA unbedingt nehmen müssen.

Am späten Nachmittag fuhren wir wieder zurück nach Las Vegas, bevorrateten uns im Whole Foods für die kommenden Tage mit Lebensmitteln und Getränken und besuchten noch einmal für kurze Zeit den Strip. Dieser Boulevard hatte es uns irgendwie angetan. Wer schon einmal in Las Vegas war, kann es sicher nachvollziehen. Er hat etwas Magisches, etwas Anziehendes. Jeden Tag entdeckt man etwas Neues, noch Schöneres und noch Spektakuläreres. Lange blieben wir nicht, denn wir mußten ja noch unsere Koffer packen. Mit einem weinenden und einem lachenden Auge blickten wir auf die nächsten Tage. Mit dem Weinenden, weil wir traurig waren, von Las Vegas Abschied zu nehmen, wo wir vier wunderschöne und einmalige Tage verbracht hatten. Mit einem lachenden Auge, weil wir uns riesig auf das freuten, was wir alles noch vor uns hatten.

Tag 5 - 17.05.2014 - Samstag (Fahrt von Las Vegas nach Ridgecrest)

Ridgecrest hatten wir uns als Zwischenstopp auf der Fahrt von Las Vegas in den Sequoia-Nationalpark auserkoren. Für diese Strecke hatten wir zwei verschiedene Routen geplant. Route A sollte uns in das Tal des Todes (Death Valley) führen und anschließend zu unserem nächsten Hotel in Ridgecrest. Bei der etwas stressfreieren Route B wollten wir uns zuerst die Geisterstadt Calico anschauen, danach das Route 66 Museum in Barstow besuchen und anschließend weiter nach Ridgecrest fahren. Wir entschieden uns für die zweite Variante, weil es wahrscheinlich für die Route A zeitlich etwas knapp geworden wäre. Von anderen Reisenden hörten wir, dass man sich für das Death Valley sehr viel Zeit nehmen sollte. Nur einen halben Tag oder ein paar Stunden dort zu verweilen, wäre schade um die Zeit. Vielleicht holen wir den Besuch bei unserm nächsten Trip nach Kalifornien nach.

Man darf die Entfernungen in den USA nicht unterschätzen. Vor allem an die Höchstgeschwindigkeiten auf den Highways und Freeways sollte man sich besser strikt halten. Die Highway-Patrol ist überall unterwegs und wartet nur auf potentielle Geschwindigkeitssünder. Außerdem wird vielerorts, vor allem in ländlichen Gebieten, die Geschwindigkeit von der Luft aus (Speeding by Air) gemessen. Die Amerikaner halten sich größtenteils an diese Höchstgeschwindigkeiten, sodass man in den Staaten sehr entspannt fahren kann. Eine Besonderheit ist, dass man auf den Highways, wenn mehr als zwei Fahrspuren vorhanden sind, in der Regel in der Mitte fährt. Dort ist es nämlich erlaubt, rechts und links zu überholen. Diese Regelung wünsche ich mir auch für Deutschland.

Die Entfernungen sind in Meilen angegeben. Um auf die Kilometerzahl zu kommen, multipliziert man die Zahl mit dem Faktor 1,6.

Auf einen wichtigen Punkt möchte ich unbedingt hinweisen. Die Tanks der Autos in den USA sind in der Regel etwas kleiner als bei uns in Deutschland. Sie müssen also öfter Tanken, haben demnach eine geringere Reichweite. Getankt wird auch nicht nach Litern, sondern nach Gallonen. Eine Gallone sind 3,785 Liter. Während bei älteren Tankstellen das Tanken etwas schwierig ist, findet man heutzutage fast nur noch moderne Zapfsäulen. Bei den meisten Zapfsäulen werden sowohl Kredit- als auch Debitkarten, die sogenannten EC-Karten, akzeptiert. Doch ich muss ehrlich sagen, bei uns hat das nie funktioniert. Wir haben es zwei- oder dreimal versucht, danach haben wir es nur noch so gemacht: An die Zapfsäule fahren, abschätzen, wie viel Gallonen benötigt werden, an die Kasse gehen, die Nummer der Zapfsäule nennen und die Summe, für die Sie tanken möchten. Nachdem Sie dem Tankwart das Geld gegeben haben, schaltet er die Säule frei. Nun brauchen Sie an der Zapfsäule nur noch die Benzinsorte wählen, etwa die Taste „Regular" drücken, und können loslegen. Der Tankvorgang stoppt dann automatisch bei der Summe, die Sie vorher an der Kasse bezahlt haben. Sollten Sie sich verschätzt haben, und der Tank ist voll, bevor die Summe erreicht ist, bekommen Sie den Rest natürlich zurück. Eine Regelung, die ich mir ebenfalls für Deutschland wünsche. Dadurch könnten Benzindiebstähle gänzlich unterbunden werden. In einem Bericht habe ich gelesen, dass Deutschland diese

Regelung ablehnt, da die Umrüstung der Zapfsäulen teurer wäre, als die Summe des Schadens durch Benzindiebstähle. Ein Schlag ins Gesicht für alle Tankstellenpächter und ein Freifahrtschein für alle Benzindiebe.

Vor unserer Abfahrt von Las Vegas schaute ich mir die Route zu unserem nächsten Ziel noch einmal kurz auf der übersichtlichen ADAC-Karte an. Prägte sie mir aber nicht ein, da wir ja ein Navi hatten und auf ein Navi sollte man sich in der Regel verlassen können. Doch wir wurden eines Besseren belehrt. Bereits nach der Eingabe des Ziels berechnete das Navi eine Zeit von über 6 Stunden. Obwohl meine groben Schätzungen etwa 4 Stunden ergaben, machte ich mir keine Gedanken weiter über die längere Zeit. Vielleicht hatte ich ja mal wieder Meilen mit Kilometern verwechselt. Auch als uns das Navi nicht auf die bereits öfters erwähnte Interstate 15, sondern auf den Highway Nummer 50 führte, machte es bei mir immer noch nicht „klick". Das Navi hatte ja TCM und vielleicht war ein Stau oder etwas dergleichen auf der anderen Route. Wir fuhren also von Las Vegas ganz gemütlich einige Stunden immer nach Süden. Auf einmal leitete uns das Navi runter vom Highway 50 auf eine holprige Landstraße. Ich bat meine Frau, auf die Karte zu schauen. Sie zeigte mir, wo wir waren und ich wunderte mich, dass wir uns noch so weit weg von unserem Ziel, der Geisterstadt Calico, befanden. Na ja, dachte ich, irgendwie werden wir schon ankommen, das Navi wird sich schon was dabei gedacht haben. Zeit hatten wir ja auch noch genügend.

Von Weitem sah ich so eine weiße Markierung auf der Straße. Als wir näher kamen, brach bei mir lauter Jubel auf. Die Markierung war das Symbol für die

Route 66. Wir waren also auf der berühmten, historischen Route 66, der Mother Road oder auch America's Mainstreet genannt. Mein Herz schlug höher und ich konnte es kaum fassen. Sofort hielten wir am Straßenrand an und machten Erinnerungsfotos. Schweigend und überglücklich stand ich vor der Markierung und musste den wunderbaren Moment erst einmal auf mich wirken lassen.

Nach ein paar Minuten der Freude und des Triumphes fuhren wir weiter. Kilometer für Kilometer und nur alle 15 bis 20 Minuten begegnete uns mal ein Auto. Ich hielt an und schaute wieder auf die Karte. Wir befanden uns mitten auf der Route 66. Weit und breit war kein Highway zu entdecken. Das Gute aber war: Die Route 66 führte uns geradewegs nach Calico, nur auf einer etwas unbequemeren Straße. Nachdem wir bereits 50 Kilometer auf dieser Straße gefahren waren, mussten wir da durch. Ein Zurück kam nicht infrage. Wir mussten diese Straße, an der gefühlte Jahrzehnte nichts mehr ausgebessert oder gewartet wurde, weiterfahren.

Langsam bewegte sich die Nadel der Tankanzeige in den roten Bereich. Gott sei Dank kamen wir wenig später an eine Tankstelle. Es war sicher die Einzige im Umkreis von 100 Meilen, was man auch am Preis für eine Gallone von über 5 Dollar ausmachen konnte (normal waren etwa 3,5 Dollar). Bei diesem Preis hatte ich gleich Heimatgefühle bekommen.

Die Tankstelle war etwas touristisch aufgepeppt, hatte sogar einen Souvenirladen. Es müssen also doch ab und zu verirrte Touristen hier vorbeikommen. Vielleicht mit dem gleichen NAVI, wie wir. Der Laden war ganz gut besucht und draußen standen einige Oldtimer mit dem Wappen der Route 66 an den Seiten.

Die Route 66 mündete schließlich auf die Interstate 15, die wir ja eigentlich von Anfang an hätten langfahren müssen. So zeigte es jedenfalls unsere ADAC-Karte. Nun war es nicht mehr weit bis zur Geisterstadt. Wenn man von der Interstate 15 kommt, kann man den Schriftzug CALICO oben in den Hügeln schon von Weitem erkennen. Ein wenig erinnert es an HOLLYWOOD, aber nur ein wenig.

Calico Ghost Town wurde 1841 gegründet. Damals wurde in der Nähe hauptsächlich Silber abgebaut. Heute dienen die Häuser der Geisterstadt nur noch als Museum. Im Jahre 2001 hat ein Brand mehrere Häuser vernichtet, die anschließend wieder liebevoll rekonstruiert wurden. Übrigens kann man in Calico auch heiraten.

Für einen kurzen Stopp (wir verbrachten etwa 1,5 Stunden in Calico) ist Calico ganz interessant. Besonders wenn man Fan von alten amerikanischen Städten ist. Von außen sind die Häuser der Stadt schön anzuschauen und verbreiten eine gewisse Atmosphäre vom Wilden Westen. Innen sind fast ausschließlich Souvenirläden und Gaststätten, die mit ihren Ausstattungen und den legendären Saloon-Türen an die damalige Zeit erinnern. Trotzdem hat sich der Besuch gelohnt. Interessant war es allemal.

Gegen 16 Uhr sind wir weitergefahren nach Barstow zum „Mother Route Museum" der Route 66. Als wir gegen 16:20 Uhr ankamen, mussten wir leider feststellen, dass das Museum nur bis 16 Uhr geöffnet hat. Schade. Das Museum ist nur von Freitag bis Sonntag von 10 bis 16 Uhr geöffnet. Wer Interesse hat, hier die Adresse: 681 N 1st Ave, Barstow, CA 92311.

Außer einer Handvoll antike Lokomotiven zu fotografieren, konnten wir dort nichts anderes tun. Also fuhren wir die paar Kilometer weiter bis Ridgecrest, einem kleinen, unscheinbaren Ort mitten in der flachen und öden Wüste Kaliforniens, den wir gegen 19 Uhr erreichten. Später erfuhren wir, dass sich dort in der Nähe der Zugang zu einer militärischen Forschungsbasis befindet. Zu ihr gehört auch ein etwa 51000 Quadratkilometer reservierter Luftraum, in dem häufig Tiefflüge stattfinden.. Wir konnten uns glücklich schätzen, dass an diesem Tag himmlische Ruhe herrschte.

Von unserem Hotel, dem Springfield-Marriott-Hotel waren wir angenehm überrascht. Das relativ neue Hotel war sehr sauber. Das Personal freundlich und hilfsbereit und, was nicht unwichtig ist. Der kostenlose Kaffee hat sogar sehr gut geschmeckt. Dazu gab es leckere, selbstgebackene kalifornische Cookies. Das Frühstück war auch in Ordnung. Rührei eben und Würstchen.

Um das Hotel herum war es jedoch ziemlich öde. Ridgecrest war auch nicht der Brüller. So verbrachten wir den Rest des Tages im Hotel und verspeisten zum Abendbrot einen Teil unserer Vorräte aus dem Whole Foods Markt.

Tag 6 - 18.05.2014 - Sonntag (Fahrt von Ridgecrest nach Tulare - Sequoia Nationalpark)

Nachdem wir einige turbulente Tage hinter uns gebracht hatten, wollten wir diesen Sonntag etwas ruhiger und entspannter angehen. Die Highways in den USA sind dafür bestens geeignet.

Doch bevor ich von unserer Fahrt berichte, habe ich einen kleinen Erfolg zu vermelden. An diesem Tag hatte ich herausbekommen, was das Problem bei unserem amerikanischen Navi war. Als ich morgens das Ziel in Tulare eingab, ermittelte es eine Fahrtzeit von über 23 Stunden. Das war mir dann doch etwas zu viel. Auch eine zweite und dritte Adresseingabe ergab die gleiche Reisezeit. Ich holte umgehend mein eigenes Navi aus dem Koffer und gab dort erneut die Adresse ein. Und siehe da, die Fahrtzeit betrug nur noch um die 4 Stunden. Es klappte auf Anhieb. Im Nachhinein vermute ich, dass es bei dem amerikanischen Navi eine Einstellung für Touristen gab, die Highways vermied und stattdessen alle Sehenswürdigkeiten ansteuern wollte. Da es mit meinem eigenen Navi so gut funktionierte, hab ich nicht weiter nachgeforscht und von diesem Tag an nur noch dieses verwendet. Um es vorwegzunehmen, wir sind während der gesamten Rundreise blendend damit zurechtgekommen.

Für die etwa 300 Kilometer von Ridgecrest nach Tulare hatten wir genügend Zeit, sodass wir uns einen kleinen Abstecher in das Red Rock Canyon erlauben konnten. Der kleine Umweg hat sich gelohnt. Die imposanten roten Fels- und grauen Sandsteinformationen sind auf alle Fälle sehenswert und eine Bereicherung für unser Fotoalbum.

Vom Red Rock Canyon ging es dann den Aerospacehighway weiter nach Norden, bis zur #178, der Isabelle Walker Pass Road. Diese Straße führte uns vorbei am Lake Isabella, einem 45 Quadratmeter großen Stausee, der vorrangig der Wasserversorgung der nahegelegenen Stadt Bakersfield dient. Der See an sich macht jedoch einen recht unspektakulären Eindruck. Eben ein See mitten in der Wüste, ohne Bäume und Sträucher und mit einem niedrigen Wasserstand.

Auch die Stadt Bakersfield, durch die wir zwar nur durchgefahren sind, hat uns nicht vom Hocker gerissen. Vielleicht liegt es auch an den riesigen Öl- und Gasfeldern in der Umgebung, die mit ihren unzähligen Pumpen die Landschaft verschandeln. Um sich von fremdem Öl unabhängig zu machen, muss man eben Kompromisse eingehen. Solange sie keine Gefahr für die Umwelt sind, ist das ja in Ordnung. Problematischer dagegen ist das umstrittene Fracking. Aber das ist nicht das Thema meines Reiseberichtes.

Trotz des Umweges durch das Red Rock Canyon erreichten wir unser Hotel in Tulare, das Tor zum Sequoia Nationalpark, bereits am frühen Nachmittag. Da es noch nicht Zeit zum Einchecken war und wir herrlich warmes Wetter hatten, erkundeten wir noch ein wenig die Gegend. Ein paar Kilometer in Richtung Sequoia Nationalpark entdeckten wir einen See, den Lake Kaweah. Ein recht flacher See mit vielen Hausbooten. Wir suchten uns ein ruhiges, schattiges Plätzchen an einem Rastplatz und genossen die göttliche Ruhe in der Natur.

Der See ist zwar nicht sehr spektakulär, jedoch hatten wir einen herrlichen Blick auf die ersten grünen Berge der Sierra Nevada. Ein schöner Kontrast zur trockenen Wüste mit den zahllosen Salbei-Büschen. Als wir am Nachmittag unsere Cookies und dazu die Flasche mit dem eisgekühlten Mandelmilch-Espresso auspackten, wagten sich sogar ein paar ganz zahme Erdhörnchen in unsere Nähe, in der Hoffnung, etwas von unseren Leckerlis abzubekommen.

Da wir an diesem Tag relaxten und es an dieser Stelle nicht so viel zu berichten gibt, möchte ich eine Bemerkung zum Trink- bzw. Leitungswasser machen. Da das Leitungswasser in den USA mehr als bei uns mit Chemikalien, wie Chlor versetzt wird, eignet es sich nicht für Kaffee, Tee und zum Kochen von Kartoffeln und Gemüse. Stattdessen sollte man sich aus dem Supermarkt Purified oder Spring Water besorgen, welches in 1- bis 2-Gallonen-Behältern preisgünstig angeboten wird. Eine Gallone entspricht, wie beim Benzin 3,78 Liter. Wer etwas empfindlich ist, kann es auch zum Zähneputzen verwenden.

Spring Water stand auch auf den Paletten, welche wir am ersten Tag im Whole-Foods-Markt in Las Vegas kauften. Jetzt weiß ich auch, warum das Wasser so preisgünstig war, weil es normalerweise nur als Leitungswasserersatz verwendet wird.

Mehr gibt es eigentlich von diesem Tag nicht zu berichten. Freuen wir uns also auf die kommenden Tage, die wieder etwas ereignisreicher werden.

Tag 7 - 19.05.2014 - Montag (Tulare - Sequoia Nationalpark)

Von unserem Hotel bis zum südlichen Tor des Sequoia-Nationalparks fuhren wir eine knappe Stunde. Die Straße #198 führt immer am Kaweah River entlang, der in den Höhen der Sierra Nevada entspringt. Der Sequoia-Nationalpark grenzt unmittelbar an den Kings-Canyon-Nationalpark, den wir jedoch aus zeitlichen Gründen nicht besuchten. Man muss manchmal Prioritäten setzen, wenn man nur einen begrenzten Zeitrahmen zur Verfügung hat. Diese beiden Nationalparks, in denen einst Indianerstämme, wie die Schoschonen wohnten, gehören zu den bekanntesten der Vereinigten Staaten. Wir wussten, dass es in diesem Park freilaufende Bären gibt und wir waren sehr gespannt, ob wir an diesem Tag einen sehen würden.

Der Eintritt in den Nationalpark kostet 20 Dollar für 2 Personen einschließlich Auto. Vom Haupteingang führt uns die Straße in schier endlosen Kehren bis in das Herz des Nationalparks. Eine Vielzahl touristischer Haltepunkte verleitet immer wieder zu kurzen Fotostopps. Belohnt wird man immer mit atemberaubenden Blicken auf tiefe Canyons zwischen den hohen Bergen.

Etwa zwei Meilen, bevor man die maximale Höhe von 2000 Metern erreicht, zweigt die Zufahrt zu der einzigen für Touristen zugänglichen Tropfsteinhöhle Crystal Cave ab. Die sieben Meilen lange und sehr steile Straße führt den Besucher wieder 600 Meter abwärts bis zum Parkplatz, von dem es noch einmal 800 Meter bis zum Eingang sind. Kinder haben diese Höhle 1884 beim Cricket spielen entdeckt, nachdem ein Ball hineingefallen war und sie ihn wiederhaben wollten. Mark Twain gehörte damals zu den ersten Besuchern, nachdem die Höhle für Besucher geöffnet wurde.

Wir ließen die Abfahrt jedoch links liegen und landeten schließlich auf dem Hauptparkplatz am Visitor-Center des Sequia-Nationalparks. Doch bevor man auf dem Parkplatz ankommt, passiert man die sogenannten Four Guardsmen. Für uns waren diese vier beachtlichen Mammutbäume das eigentliche Tor zum Nationalpark. Sie stehen in wenigen Metern Abstand jeweils zwei auf einer Straßenseite und sind ein sehr begehrtes Fotomotiv.

Vom Parkplatz aus gab es mehrere Wanderrouten. Wir entschieden uns zunächst für den Big Tree Trail. Wie der Name schon sagt, führte er uns vorbei an vielen riesigen Mammutbäumen. Einige von ihnen sind über 80 Meter hoch und haben einen Durchmesser von mehr als 11 Metern. Viele Bäume hatten Brandmarken, waren angesengt, manche jedoch vollkommen abgebrannt. Der Wüstensalbei, der in der sengenden Hitze wie Zunder brennt, entfacht von Zeit zu Zeit Waldbrände. Überall befinden sich Schilder zur Waldbrandaufklärung. Waldbrände werden nicht mehr umgehend bekämpft, weil man einen Rückgang von Mammutbäumen festgestellt hat. Wie zuhause im Wohnzimmer die Zapfen der Pinie sich bei Wärme öffnen und den Samen freigeben, geschieht dies auch im Mammutwald bei Waldbränden. Die Asche bietet den Samen dann einen guten Nährboden zum Keimen und Wachsen. Ein fantastischer Kreislauf der Natur.

Diesen kleinen Spaziergang von einem Kilometer und maximal 30 Minuten sollte man ebenso wenig auslassen, wie Grant Grove, den Giant Forest oder einen

Abstecher zu dem 300 Meter hohen Granitmonolithen Moro Rock, von dem man einen spektakulären Blick auf die Felslandschaft der Sierra Nevada hat. Ein attraktives Fotomotiv ist auch der Tunnel Log. Ein ausgehöhlter Baum, der über einer Straße liegt und durch den gerade so ein Auto durchpasst.

Am Ende des Rundganges haben wir dann doch noch einen Bär gesehen. Er graste, etwa 100 Meter von uns entfernt, gemütlich auf einer Wiese, naschte von den Heidelbeeren und ließ sich von unserer Anwesenheit nicht stören. Die Bären sind in diesem Park an Menschen gewöhnt und wissen, dass sie vor ihnen keine Angst zu haben brauchen. Überall im Nationalpark gibt es auch hierzu Hinweisschilder, dass man keine Lebensmittel im Rucksack mit sich herumtragen soll. Für Lebensmittel ramponiert so ein niedlicher Bär auch schon mal ein Auto, um in den Innenraum zu gelangen. Es gibt an den Parkplätzen spezielle Behälter, die so dicht verschlossen sind, dass Bären die Speisen nicht riechen können.

Obwohl der Bär auf der Wiese einen harmlosen Eindruck machte, hatten wir trotzdem Respekt vor ihm und hielten einen sicheren Abstand von mehr als 100 Metern. Für uns war es ein erlebnisreicher Tag, der mit der Sichtung des Bären gekrönt wurde.

Tag 8 - 20.05.2014 - Dienstag (Fahrt von Tulare nach Mariposa - Yosemite Nationalpark)

Wieder lag eine entspannte Fahrt von Tulare nach Mariposa, einer Kleinstadt von etwas über 2100 Einwohnern, vor uns. Auf der 220 Kilometer langen Fahrt machten wir einen kurzen Halt bei Whole Foods in Fresno, um unseren Vorrat an Lebensmitteln und Getränken aufzufrischen und um dort lecker Mittag zu essen. Die Speisen waren, wie immer, frisch angerichtet und schmeckten hervorragend. Die große Auswahl variiert von Markt zu Markt und ist nur unwesentlich teurer als in einem Fast-Food-Restaurant, dafür aber sicher wesentlich gesünder.

An dieser Stelle möchte ich Ihnen noch ein paar wichtige Informationen zum Parken in den USA geben. Auf Parkplätzen, vor Supermärkten oder in Parkhäusern gibt es keine Probleme. Etwas komplizierter wird es, sich einen Parkplatz an anderer Stelle, wie etwa auf einer öffentlichen Straße, zu suchen. Schauen Sie unbedingt, ob am Straßenrand irgendwelche Linien sind. In Kalifornien hat man zu diesem Zweck meist die Bordsteinkanten farbig gestrichen. Falls Sie derartige Linien oder farbige Bordsteinkanten sehen, dann hat das folgende Bedeutung: Gelb = Halteverbot, Weiß = nur Ein- und Aussteigen erlaubt (maximal 5 Minuten), Blau = für Behinderte, Rot = generelles Halteverbot, Grün = Kurzzeitparkplatz (maximal 10 Minuten). Beachten Sie jedoch bitte eventuelle Zusatzschilder, die diese Regelung möglicherweise auf bestimmte Tageszeiten beschränken. Auf alle Fälle dürfen Sie NIEMALS Hydranten zuparken. Halten Sie in beide Richtungen einen Abstand von mindestens 5 Metern. Die

Amerikaner mit ihren Holzhäusern verstehen in dieser Beziehung keinen Spaß.

Eigentlich hatten wir bei unserer 3-wöchigen Rundreise keine Probleme mit der Polizei bekommen. Wir hatten uns schnell an die Regeln, die teilweise besser als in Deutschland sind, gewöhnt. Nur einmal sind wir in die falsche Richtung in einen „One Way" eingebogen. Das haben wir jedoch sehr schnell mitbekommen, als uns mit Pistolen wild gestikulierende Cowboys in ihren Jeeps entgegenkamen und lauthals drohten, uns in die ewigen Jagdgründe zu schicken. Naja, das kann schon mal passieren.

Auch in Mariposa waren wir viel zu zeitig, um einzuchecken, so nutzten wir die Zeit, um uns die gut erhaltene Westernstadt etwas genauer anzuschauen. Nachdem wir im Ort ankamen, wurde die Main Street in der Innenstadt gerade von einem Scheriff gesperrt. Der Grund war eine Probe für eine Veranstaltung, vielleicht ein Stadtfest. Dieser Bereich mit dem historischen Mariposa Inn Hotel lässt noch etwas Wildwestatmosphäre verspüren. Insbesondere dann, wenn ein junges Pärchen in Westernkleidung schöne Country Lieder singt und auf der Straße dazu Line Dance aufgeführt wird. Leider fehlten bei dieser Probe noch die Kostüme.

Nachmittags machten wir auf dem Highway 49 einen Abstecher nach Angels Camp im Calaveras County. County ist in etwa mit einem deutschen Landkreis zu vergleichen, heißt aber übersetzt Grafschaft. Calaveras County wurde bekannt durch die 1865 von Mark Twain erschienene Kurzgeschichte „The Celebrated Jumping Frog of Calaveras County", zu dessen Ehren jährlich in dem Ort Angels Camp ein Wettspringen für

Frösche stattfindet. Der Sieger, also der Besitzer des Siegerfrosches, bekommt, ähnlich wie beim Walk of Fame, eine Gedenktafel auf dem Fußweg der Main Street.

Dieser Ausflug auf diesem historischen Highway 49, dem sogenannten Golden Chain Highway, wurde von einem unserer Reiseführer empfohlen, weil es auf dieser Strecke mehrere kleine Orte gibt, die teilweise noch das Aussehen alter Westernstädte haben, wie zum Beispiel Sonora oder Coulterville. Die Nummerierung des Highway 49 geht auf den kalifornischen Goldrausch von 1849 zurück. Teile des Highways werden deshalb auch Golden Country Highway genannt. Dieser Highway ist nicht nur aus historischen Gründen eine Sehenswürdigkeit, sondern auch landschaftlich einmalig. Wir sind auf der recht kurvenreichen aber wenig befahrenen Strecke bis Angels Camp die ganze Zeit durch die wunderschöne Sierra Nevada gefahren.

Am Abend checkten wir in der Pension Yosemite Nights Bed & Breakfast ein, die von einem sehr sympathischen älteren Ehepaar geführt wird. Es war eigentlich kein Einchecken im üblichen Sinne, wie man es von großen Hotels gewöhnt ist. Wir wurden eher wie Besucher empfangen, die für ein paar Tage bei Freunden verbringen wollten. Die Dame des Hauses sprach extra langsam und deutlich, als wir ihr sagten, dass unser Englisch „not the yellow from the egg" wäre, um mit den Worten von unserem ehemaligen Außenminister Guido Westerwelle zu sprechen.

Ein Hinweis für alle die vorhaben in dieser Pension zu übernachten. Die Pension ist sehr, sehr abgelegen. Am sichersten erreichen Sie das Haus mit einem Navi.

Ohne unser Navi hätten wir lange vor der Ankunft aufgegeben. Nur mal so als Anmerkung.

Für alle Naturliebhaber ist die Pension natürlich ein Eldorado. Ein kleines Beispiel: Unmittelbar vor unserem Fenster hing ein Vogelhäuschen mit Nektar, in dem Kolibris ihr Futter fanden.

Tag 9 - 21.05.2014 - Mittwoch (Mariposa - Yosemite Nationalpark)

Das Zimmer war zwar sehr klein und die Wände sehr dünn, aber das Frühstück, welches die sympathische Oma für ihre 10 Gäste jeden Morgen bereitete, war das Beste, was wir in den drei Wochen in den USA hatten. Es gab sogar warmes Essen, Würstchen, Auflauf und noch andere leckere Süßspeisen. Sogar selbstgebackener Kuchen war dabei und nicht einmal Muffins. Also total untypisch für die USA.

Während des Frühstücks fragte Uschi mich, ob mir die Frau gegenüber bekannt vorkäme. Stimmt. Irgendwie hatte ich das Gefühl, sie schon einmal gesehen zu haben. Aber wo? Uschi hatte es schnell heraus und meinte, dass sie beim Frühstück im Comfort Suites Hotel in Tulare neben uns gesessen hätte. Genau, jetzt konnte ich mich auch erinnern. Sie hatte, genau wie wir, dieses eklige weiße Rührei auf dem Teller und aß einen Muffin dazu, genau wie wir. Okay, das lag sicher daran, dass es nichts anderes gab. Als Uschi sie auf das Hotel hin ansprach, konnte sich die Frau auch gleich erinnern und freute sich über diesen Zufall. Sie kam aus Dallas in Texas, war aber nicht die Frau von JR. Ja, die USA sind ein Dorf.

Gleich nach dem leckeren Frühstück brachen wir wieder auf zu neuen Abenteuern. Auf unserem Weg zum Yosemite Nationalpark ging es bei geringer gleichmäßiger Steigung einige Kilometer den wilden und traumhaft schönen Merced River entlang. Genau, wie im Sequoia Nationalpark kostete der Eintritt im Yosemite-Nationalpark ebenfalls 10 Dollar pro Person.

Die Route führte uns als Erstes zum Brautschleier-Wasserfall. Da der Yosemite-Nationalpark der beliebteste Park in Kalifornien ist, ist er natürlich auch gut besucht. Tausende von Touristen drängen sich Tag für Tag an den Sehenswürdigkeiten und somit auch an den besten Fotomotiven. Manchmal ist es so schlimm, dass es schon mal zu Schubsereien kommt, wenn sich einige besonders rücksichtslos und egoistisch verhalten. Aber man ist ja nachsichtig.

Unser nächster Halt und gleichzeitig Picknickplatz war die sogenannte Beach. Am Ufer des türkisfarbenen Merced River war eine riesige Fläche mit feinem hellen Sand bedeckt, sodass die Stelle aussah, wie ein Teil der Karibik. Nur, dass das sehr kalte Wasser nicht gerade zum Baden einlud. Auch die Lufttemperatur mit knapp unter 10 Grad Celsius war alles andere als hochsommerlich. Sie erinnerte eher an herbstliche Zeiten. Deshalb war es auch nicht verwunderlich, dass uns auf der Fahrt zum Nationalpark Schneepflüge entgegen kamen. Wie wir im Nachhinein von unserer Wirtin erfuhren, hatte es auf dem über 3000 Meter hohen Pass dermaßen stark geschneit, dass dieser für Autofahrer gesperrt werden musste.

Als Nächstes hielten wir am Curry Village. Ein relativ teures Hotel in hervorragender Lage mitten im Nationalpark, in dem die Touristen in kleinen zeltähnlichen Unterkünften wohnen und Gemeinschaftsbäder und -duschen nutzen. Sicher Geschmacksache und eher etwas für Abenteurer, zumal die Heizung nicht so der Bringer sein soll. Da wir nicht so recht wussten, was wir an diesem Ort sollten, außer uns das Gelände des Hotels anzuschauen, fuhren wir nach etwa 20 Minuten weiter.

Den vorletzten Halt machten wir an den Yosemite Falls. Mit einer Gesamthöhe von fast 740 Metern gehören diese dreistufigen Wasserfälle zu den höchsten in der Welt. Die größte Stufe mit 435 Metern bilden die Upper Falls. Dort fällt das Wasser an einer steilen Felswand hinunter. Wenn jedoch im Winter nur wenig Schnee in der Sierra Nevada liegt, kann es schon mal vorkommen, dass im darauf folgenden Sommer nur wenig oder gar kein Wasser hinab in den Merced River fällt.

Zum Schluss wollten wir unbedingt noch zum Glacier Point fahren. Auf Serpentinen ging bis auf über 2000 Meter hinauf in die Berge der Sierra Nevada. Je höher wir kamen, desto nebliger wurde es. Ich ahnte Schreckliches, behielt es jedoch für mich. An manchen Stellen sah man kaum noch die Hand vor Augen.

Ich musste sehr vorsichtig fahren, da die Straße sehr rutschig war, an einigen Stellen sogar Schnee lag und es an den Seiten sehr tief hinunterging. Uschi war sehr still geworden und hielt sich mit beiden Händen krampfhaft an den Griffen fest. Ich versuchte meine Angst zu überspielen und pfiff ein Winterlied: „Schneeflöckchen, Weißröckchen …". Die Strecke bis zum Aussichtspunkt zog sich und zog sich. Im dichten Nebel kam uns das alles noch viel weiter vor.

Endlich waren wir am Ziel. Wir stellten uns auf dem Parkplatz ab und folgten den anderen Touristen. Außerdem war ja alles gut ausgeschildert. Als wir noch ein paar Höhenmeter überwunden hatten, standen wir vor einem Geländer. Endlich waren wir da. Gott sei Dank stand dort eine Tafel mit einem Foto, denn was wir sahen, war nur dichter weißer milchiger Nebel. Wir konnten nicht einmal erahnen, was da zu sehen sein könnte. Schade eigentlich. Die ganze Fahrt war umsonst. Aber da kann man nichts machen. So ist nun mal die Natur. Wenn wir das nächste Mal in Kalifornien sind, steht ein Besuch des Glacier Point im Yosemite-Nationalpark an erster Stelle.

Tag 10 - 22.05.2014 - Donnerstag (Fahrt von Mariposa nach San Francisco)

Nach einem erneut hervorragenden und gut schmeckenden Frühstück von der Pensions-Mutti war es schon wieder Zeit für die Weiterreise. Gut gelaunt und mit vollem Magen traten wir gegen 9 Uhr unsere Fahrt nach San Francisco an. Größtenteils ging die Fahrt wieder durch unfruchtbares Wüstengebiet. Erst als wir in die Nähe von San Francisco kamen, wurde die Landschaft etwas grüner. Auf einmal tauchten auch riesige Plantagen auf. Meist waren es Orangen, Erdnüsse, Kirschen oder Artischocken, die angebaut wurden.

Plötzlich erschien es uns wie eine Fata Morgana. Ganz weit in der Ferne sahen wir die Skyline von San Francisco. Zu erkennen waren schon die Umrisse der Transamerica Pyramid, auch ein typisches Wahrzeichen der Stadt.

Der Highway wurde sechs- bis siebenspurig, und der Verkehr dichter. Es ging nur noch zähflüssig voran. In den USA gibt es eine prima Regelung auf den Free- und Highways, die jedoch mit etwas Vorsicht zu genießen ist: Die sogenannte „Carpool Lane", zu Deutsch auch Fahrspur für Fahrgemeinschaften. Die Bezeichnung kann von Staat zu Staat variieren. Die Regel besagt, wenn mindestens 2 Personen im Fahrzeug sitzen (die Anzahl der Personen kann ebenso variieren), darf man eine bestimmte Spur, meist ist es die ganz linke, benutzen, um schneller vorwärtszukommen. Aber bitte aufpassen! Manchmal gilt das nur zu bestimmten Hauptverkehrszeiten. Wir haben diese Spur einmal genutzt, uns jedoch später lieber wieder in den Stau gestellt. Warum? Ganz einfach. Stellen Sie sich doch einfach nur mal vor, Ihr Navi sagt: „Biegen sie rechts ab! Halten sie sich links!" Wir biegen also rechts ab und fahren auf die linke Spur, die „Carpool Lane", es ist die siebente Spur. Plötzlich neben Ihnen Stau, ein Fahrzeug nach dem anderen klebt an der Stoßstange des Vordermannes. Ihr Navi meint: „In einem Kilometer nehmen sie die Ausfahrt rechts ..." Sie schauen nach rechts und sehen sechs Spuren voller Autos. Drinnen sitzen von der Hitze und vom Verkehr genervte Autofahrer. Und Sie müssen sechsmal die Spur wechseln. Nicht in 10 Kilometern, nicht in 5 Kilometern. Nein, JETZT SOFORT. Sekunden vorher fuhren Sie noch fröhlich pfeifend in Ihrem SUV den Highway entlang, lachten die Fahrer rechts neben Ihnen unauffällig aus. Und nun dies. Ihr Herz fängt an zu klopfen. Tränen der Verzweiflung stehen in Ihren Augen. Der Angst-Schweiß läuft Ihnen in Strömen den Rücken hinunter. Am liebsten möchten Sie gar nicht mehr dorthin, wo sie eigentlich hin wollten. Sie verfluchen den Highway, die „Carpool Lane" und diese schwachsinnige Regelung. Doch das alles nützt nichts, Sie müssen es tun. Also Blinker rechts und auf geht's. Spur für Spur kämpfen Sie sich voran. Jede gewechselte Spur wird als Erfolg gefeiert, wie ein schwer erkämpfter Olympiasieg. Schließlich haben Sie es geschafft und schwören sich: Von nun an fahre ich nur noch in der Mitte des Highways.

Auf der Fahrt nach San Francisco bemerkten wir zum ersten Mal, dass solch ein Navi, das alles in Deutsch sagt, auch heftige Lachanfälle auslösen kann. Nämlich immer dann, wenn es sagt: „ Richtung Downtown!" In Deutsch hört sich das jedoch „doffntoffn" an, eigentlich, wie es geschrieben wird. Das Wort hat sich bei uns eingeprägt und noch heute müssen wir köstlich darüber lachen.

Von Oakland ging es über die Bay Bridge nach San Francisco. Mit einem Mal waren wir mitten in der Stadt. Um uns herum nur Autos, Menschen und Hochhäuser. Ich bekam Stress und feuchte Hände. Mein Blick war starr nach vorn auf den Verkehr gerichtet. Meine Ohren peilten den Lautsprecher des Navis an. Dann dies: Das Navi reagierte nicht mehr. Sicher war aufgrund der vielen Hochhäuser der GPS-Empfang gestört. Uschi reagierte jedoch umgehend und hielt es instinktiv aus dem Fenster. Das war auch keine gute Idee. Nun sah ich kein Display mehr und wusste erst recht nicht, wo wir lang fahren mussten. Das Gute an so einem Navi ist aber: Wenn du dich mal verfährst, führt es dich immer wieder auf die richtige Route zurück. Wir fuhren also eine Weile geradeaus, in der Hoffnung, dass das Navi den Satelliten wiederfindet. Und das tat es auch. Schnell waren wir wieder auf Spur und standen Punkt 13 Uhr vor unserem Appartement-Hotel, viel früher als vereinbart. Es war also noch genügend Zeit, die wir sinnvoll nutzen wollten, denn die Schlüsselübergabe sollte erst drei Stunden später stattfinden.

Aufgrund dessen beschlossen wir, gleich zu einer der Hauptattraktionen, der Golden Gate Bridge zu fahren. Die Südseite der Golden Gate Bridge war zu der Zeit gerade eine große Baustelle, sodass es nicht einfach war, einen Parkplatz zu finden. Letztendlich hat es dann doch geklappt. Es ist ein ständiges Kommen und Gehen und alle wollen nur Fotos machen.

Die Fotos hatten wir im Kasten, nun kam der große Hunger. Bevor wir zum Appartement-Haus fuhren, gingen wir bei Whole Foods schnell etwas essen. Lecker, wie immer, so auch in San Francisco. Uschi hatte am Tisch ausversehen ihren heißen Kaffee umgeworfen und einer jungen Frau neben uns fast Verbrennungen dritten Grades verschafft. Uschi entschuldigte sich mehrfach und wollte ihr 10 Dollar Entschädigung anbieten. Doch die junge Frau sah es nicht so eng. Sie meinte, dass Uschi es ja nicht absichtlich getan hätte und, dass sowas ja mal passieren kann. Danach sind wir noch ganz nett ins Gespräch gekommen.

Nach dem Essen begaben wir uns direkt zum Appartement-Haus Nob-Hill-Suites, wo wir 16 Uhr, zwecks Schlüsselübergabe, verabredet waren. Uschi wartete solange im Auto draußen vor dem Eingang. Eigentlich war an dieser Stelle nachmittags Parkverbot, doch wir dachten, während der 5 Minuten wird wohl niemand kommen. Doch wir täuschten uns. Als ich wieder rauskam, weil an der sogenannten Rezeption keiner anwesend war, herrschte helle Aufregung am Auto. Ein Polizist stand davor und wollte Uschi gerade in Handschellen abführen. Nein, ganz so schlimm war es nicht. Ich konnte ihn gerade noch dazu überreden, von einer Haftstrafe auf Alcatraz abzusehen.

Wir fuhren zwei Straßen weiter bergab und stellten uns an eine Parkuhr. Ich holte aus meiner Hosentasche eine Handvoll Quarter-Münzen heraus und fütterte damit die Parkuhr. Als meine Münzen alle waren, hatten wir genau 50 Minuten Zeit. Wir eilten wieder hinauf zum Hotel. Das war ganz schön anstrengend. Wegen der auf Hügel gebauten Häuser mussten wir gefühlte 100 Meter an Höhenunterschied überwinden. Abgekämpft und total außer Atem kamen wir dort an und gingen in das vereinbarte Zimmer Nummer 110 im

Erdgeschoß. Doch dort war immer noch niemand. Neben dem Telefon lag eine Visitenkarte mit einer Telefonnummer. Die rief ich aus Verzweiflung an. Es wurde mir versprochen, dass gleich jemand käme. Als jedoch nach 15 Minuten immer noch niemand da war, rief ich noch mal an. Dann kam endlich eine Frau und sagte uns, dass es nicht möglich wäre, in diesem Haus ein Zimmer zu bekommen, weil sie einen Wasserrohrbruch hatten. Sie schickte uns 2 Kilometer weiter in ein anderes Appartement-Haus im SoMa-Viertel. SoMa ist die Abkürzung von Sout of Market. Also alles, was sich südlich der Market-Street befindet. Die Frau meinte, es wäre ein Upgrade, also ein viel besseres Zimmer. Auch würde der Parkplatz nicht 40 Dollar am Tag kosten, sondern nur 12 Dollar. Die Adresse schrieb sie auf ein Blatt Papier und gleichzeitig führte sie ein kurzes Telefongespräch, damit uns dort jemand abholen soll. Das kam uns etwas mysteriös vor und wir hofften, dass alles seinen Gang gehen würde, denn wir hatten das Hotel bereits vorher bezahlt, knapp 500 Dollar für 3 Übernachtungen. Wir gaben die Adresse in unser Navi ein und benötigten für die 2 Kilometer knapp 15 Minuten, nur Einbahnstraßen und bergauf und bergab. Vor dem anderen Haus, es war ein über 20stöckiges Hochhaus, wartete ein Mann auf uns und nahm uns in Empfang. Ein anderer Mann verstaute unser Gepäck auf einen Wagen. Dann zeigte man uns das blitzsaubere Appartement in der 14. Etage. Letztendlich waren wir sehr zufrieden. Wieder ein Wow-Erlebnis. Die Einrichtung des Zimmers im Penthaus-Stil war vom Feinsten. Die sehr komfortable Küche ließ keine Wünsche offen und in dem schönen Bad standen Bio-Pflegemittel zur Verfügung. Besonders beeindruckend fanden wir die

Panoramafenster, die uns einen herrlichen Blick auf die schöne Stadt ermöglichten.

Am Abend, bevor es dunkel wurde, wollten wir noch einen Spaziergang in der näheren Umgebung bis zur Market Street machen. Die Gegend war jedoch nicht sehr vertrauenserweckend, sodass wir nach kurzer Zeit wieder umkehrten. In unserer Suite machten wir es uns gemütlich. Wir löschten das Licht. Ausgestreckt auf dem breiten King-Size-Bett, bei einem kühlen Bierchen, schauten wir durch die Panoramafenster auf das nächtliche und funkelnde San Francisco. Uschi schwärmte: „Wie romantisch … wie im Film … oben Millionen Sterne und unten Millionen bunte Lichter."

Tag 11 - 23.05.2014 - Freitag (San Francisco)

San Francisco ist bestens dazu geeignet, die Highlights der Stadt ohne ein eigenes Auto zu erkunden. Lassen Sie Ihr Auto am besten an einem sicheren Ort (bewachtes Parkhaus oder Hotel) stehen und kaufen Sie sich ein MUNI-Ticket für 21 Dollar. Damit können Sie drei Tage sämtliche öffentliche Verkehrsmittel, auch das Cable Car, benutzen, sooft Sie wollen.

Wir entschieden uns für die etwas bequemere Variante, für eine Stadtrundfahrt mit den Big Bus Tours. Warum wir uns gerade für dieses Unternehmen entschieden haben? Weil uns deren Prospekt als Erstes in die Hände gefallen ist. Die Anlaufpunkte der verschiedenen Unternehmen sind sowieso alle dieselben und die Preise auch. In allen Bussen gibt es Ohrhörer, mit denen man sich die Erklärungen der Sehenswürdigkeiten in zehn verschieden Sprachen anhören kann. An jedem der 19 Haltepunkte kann man aussteigen, sich alles genau anschauen und später mit einem der nächsten Busse die Rundfahrt fortsetzen (Hop-On Hop-Off). Die Busse verkehren in kurzen Abständen von etwa 10 bis 20 Minuten.

Bevor ich über die Rundfahrt berichte, noch ein gut gemeinter Hinweis: Sollten Sie mindestens zwei volle Tage in San Francisco weilen, dann nehmen Sie auf jeden Fall ein 48-Stunden-Ticket. Es ist schier unmöglich, sämtliche Sehenswürdigkeiten an einem einzigen Tag zu erforschen.

Gewöhnlich wird an folgenden Punkten gehalten:
- San Francisco Visitor Center (Mason Street - Jefferson Street))
- Activity Center (Taylor Street – Beach Street)
- Washington Square (Columbus – Union Street)
- Embarcadero (Clay Street – Battery Street)
- Union Square South (Geary Street – Powell Street)
- Hilton Hotel (Mason Street – Ellis Street)
- Civic Center (Larkin Street)
- Fulton Street (Franklin Street)
- Alamo Square (Painted Ladies)
- Haight Asbury (Hippie-Zentrum)
- Golden Gate Park (California Academy of Science)
- Golden Gate Bridge South
- Golden Gate Bridge North
- Palace of Fine Arts
- Lombard Street 1 (Fillmore Street)
- Lombard Street 2 (Gough Street)
- Union Square North (Post Street – Powell Street)
- Chinatown (Grant Street – Bush Street)
- Steuart Street
- Pier 39

Wir entschieden uns, das erste Mal am Pier 39 am Fischermans Wharf, dem Hafenviertel im Nordosten, auszusteigen. Zufällig war es auch der letzte Halt. Fishermans Wharf zählt zu den Hauptattraktionen in San Francisco, es verzeichnet sogar mehr Besucher, als beispielsweise die Golden Gate Bridge. Das liegt vor allem daran, dass sich andere Sehenswürdigkeiten, wie Chinatown oder die Lombard Street in unmittelbarer Nähe befinden. Darüber hinaus gibt es hier eine Endhaltestelle der Cable-Car.

Viele Touristen kommen natürlich hierher, um einen Blick auf die Gefängnisinsel Alcatraz zu werfen oder einen Ausflug mit der Fähre dahin zu unternehmen. Auf dieser Insel befindet sich ein ehemaliges Hochsicherheitsgefängnis, in dem von 1934 bis 1939 Al Capone einsaß. Da ich sehr schnell seekrank werde und dazu noch ein sehr stürmischer Wind wehte, entschlossen wir uns für das Erste, also den Blick.

Bei Touristen sehr beliebt ist natürlich der berühmte Pier 39. Zum einen laden hier viele Geschäfte und Fischrestaurants zum Bummeln ein. Zum anderen kann man hier eine Seelöwenkolonie bewundern, die sich nach dem Erdbeben vom 17. Oktober 1989 auf einer ehemaligen Bootssteganlage angesiedelt hat. Mitte der 90er Jahre ersetzte man die Bootsstege durch 3 mal 4 Meter große Pontons. Die etwa 1000 Tiere sind am Pier 39 nicht zu überhören. Alternativ kann man auch dem etwas strengen Geruch folgen, um den Seelöwen einen Besuch abzustatten. Für Fishermans Wharf sollte man mindestens 1 bis 2 Stunden einplanen. Bei einem Besuch der Gefängnisinsel entsprechend mehr, je nach Haftstrafe. Das Hard Rock Café befindet sich gleich eingangs der Pier.

Unser zweiter Halt war die Haight-Ashbury. Für uns, als in die Jahre gekommene Hippies, ein unbedingtes Muss. Ja, das waren noch Zeiten, damals in den 60ern. Große Musiker, wie Jimi Hendrix, Janis Joplin oder die Gruppe Grateful Dead haben hier eine Zeit lang gewohnt.

Benannt wurde der Stadtteil nach der Kreuzung der beiden Straßen Haight und Ashbury. Zwar war der Höhepunkt der Hippe-Bewegung im Jahre 1967, dem sogenannten „Summer of Love". Doch noch heute, fast 50 Jahre später, erinnert das Viertel an die damalige Zeit. Man findet hier bunt bemalte Häuser und Autos, skurrile Läden und Kneipen. Und ab und zu begegnet man Autos mit aufgemalten PEACE-Zeichen. Auf der Haight gibt es ein Kulthotel der Hippiebewegung der 60er, The Red Victorian, in dem jedes Zimmer unter einem anderen Motto steht. Zum Beispiel „Peace Room" oder „Sunshine Room".

Seit fast 30 Jahren findet hier zudem das San Francisco Street Fair Festival, eine große Hippie-Party, statt und lässt die ersten großen Pop-Festivals, wie Monterey oder Woodstock wieder lebendig werden. Leider waren wir 3 Wochen zu früh in San Francisco, denn das Festival 2014 fand am 8. Juni statt. Wenn wir das nächste Mal dort sind, werden wir uns vorher informieren. (http://www.haightashburystreetfair.org/)

Bevor wir unsere Rundfahrt fortsetzten, besuchten wir den wohl angesagtesten Laden in der Haight, den Jammin on Haight. Uschi, meine Frau, kaufte sich dort einen wunderschönen Batik-Rock.

Die Fahrt ging dann noch weiter über die Golden Gate Bridge zur Nordseite und dann wieder zurück zur Endstelle am Fishermans Wharf. Man glaubt es kaum, aber die beiden Sehenswürdigkeiten inklusive der Rundfahrt haben sehr viel Zeit in Anspruch genommen. Die Uhr zeigte bereits 18 Uhr an.

Eigentlich wollten wir mit dem nächsten Bus wieder zurück zu unserem Ausgangspunkt, dem Hilton Hotel. Irrtümlicherweise landeten wir jedoch in einem anderen Bus, und zwar in einem der die Night Tour durch San Francisco machte. Das war zwar nicht geplant, aber wir freuten uns trotzdem über diese Verwechslung und waren gespannt darauf, was nun geschehen würde. Die Anlaufpunkte waren ähnlich, wie bei einer Tagesfahrt. Noch einmal ging es über die Golden Gate Bridge. Es fing bereits an, zu dämmern. Die Sonne geht hier eher unter, als in Deutschland. Neu war die Fahrt über die Bay Bridge nach Oakland. Als wir auf der anderen Seite der Bucht ankamen, war es dann schon dunkel und man hatte einen wunderschönen Blick auf die erleuchtete Skyline von San Francisco.

Der Bus machte für 10 Minuten Halt und wir hatten Zeit ein paar Fotos zu schießen. Die Bay Bridge, die hinüber nach San Francisco führte, war hell erleuchtet und präsentierte uns ein einmaliges Spektakel. An den Seiten der Brücke war ein Meer von Glühlampen angebracht. Sie waren derart animiert, dass man den Eindruck hatte, dass Fische schwimmen würden.

Gegen 21 Uhr waren wir wieder am Ausgangspunkt der Nachtfahrt und fuhren mit dem Taxi zurück zu unserem Appartement-Haus.

Tag 12 - 24.05.2014 - Samstag (San Francisco)

Der erste Tag in San Francisco mit der falschen Entscheidung wegen der Stadtrundfahrt (ein oder zwei Tage) war uns eine Lehre. Da wir bei Weitem noch nicht einmal die Hälfte gesehen hatten, mussten wir zwangsläufig noch einmal einen Tag lösen. Statt 55 Dollar pro Person für zwei Tage zahlten wir nun 90 Dollar für zwei einzelne Tage. Aber aus Fehlern lernt man ja bekanntlich.

Der erste Halt war der Civic Center Plaza mit der City Hall, dem Rathaus von San Francisco. Es wurde bei dem großen Erdbeben von 1906 vollständig zerstört und danach, ein wenig verändert, erdbebensicher wieder aufgebaut. Die Kuppel ist die Fünftgrößte der Welt und sogar 35 Zentimeter höher als die des Kapitols in Washington. Schon viele Filme wurden innerhalb und außerhalb der City Hall gedreht, unter anderem „Dirty Harry" oder „The Rock – Fels der Entscheidung".

Der Platz hat jedoch noch eine andere Sehenswürdigkeit, das Denkmal für die 49ers. Nein, ich meine nicht die bekannte Basketballmannschaft San Francisco 49ers, ich meine die Teilnehmer am kalifornischen Goldrausch von 1848 bis 1854.

Bei unserem nächsten Halt am Alamo Square, besichtigten wir die berühmten Painted Ladies. Die Painted Ladies sind viktorianische, mehrfarbig gestrichene Holzhäuser aus dem 19. Jahrhundert. Schade, dass zwei davon gerade eingerüstet waren, weil sie renoviert wurden. Die Häuser sind jetzt nicht unbedingt der Brüller, da gibt es anderswo sicher schönere. Aber von dem Hügel davor hat man einen herrlichen Blick auf die gesamte Stadt.

Nun ging es weiter über die Golden Gate Bridge bis auf die nördliche Seite. Hier hat man eine ganz andere Sicht auf die Brücke, und zwar direkt auf die fahrenden Autos. Ich persönlich finde die Südseite besser. Die Fotos sind spektakulärer und man bekommt die Brücke besser aufs Foto.

Beim Palace of Fine Arts verweilten wir etwa eine Stunde. Es ist ein Gebäude im Marina District, das ursprünglich für eine Ausstellung, der Panorama-Pacific International Exposition im Jahre 1915 errichtet wurde. San Francisco wollte zeigen, dass es sich von dem großen Erdbeben erholt hatte. Außerdem wurde die Fertigstellung des Panamakanals gefeiert. Leider wurden die meisten Gebäude nach der Ausstellung wieder abgerissen, sodass heute nur noch der Palace of Fine Arts mit dem vorgelagerten Teich übrig geblieben ist.

Die nächsten Stationen waren Lombard Street und Union Square. An der Lombard Street sind wir nicht ausgestiegen. Die sollte man „erleben". Das heißt, man sollte sie mit dem eigenen Wagen (Mietwagen) hinunterfahren. Die Lombard Street wird gern als die kurvenreichste Straße der Welt bezeichnet. Die zahlreichen engen Serpentinen dürfen nur von PKWs oder kleineren Vans befahren werden. Aufgrund der Popularität kommt es davor häufig zu Wartezeiten. Die Steigung von 16 Prozent ist dabei nicht ungewöhnlich für San Francisco. Einige Blocks weiter gibt es sogar eine Straße mit über 30 Prozent Steigung.

Der Union Square ist der Mittelpunkt der San Francisco-Geschäftswelt. Man findet dort vor allem zahlreiche große Kaufhäuser, exquisite Hotels und mehrere Theater. Außerdem tragen zahlreiche Lokale dazu bei, dass der Union Square zu einem Hauptanziehungspunkt für Touristen geworden ist.

Unser vorletzter Halt war Chinatown, das man durch ein buntes chinesisches Tor, das Dragon Gate, betritt. Ein Bummel durch die farbenprächtigen Auslagen der vielen Geschäfte, vorbei an unzähligen Restaurants voller exotischer Wohlgerüche ist ein unbedingtes Muss für alle San Francisco-Besucher. Vergessen Sie dabei nicht die Golden Gate Fortune Cookie Factory, die Geburtsstätte der chinesischen Glückskekse zu besuchen.

Zum Abschluss unseres zweiten Tages in San Francisco fuhren wir mit dem Bus bis zur Endstelle am Fishermans Wharf und gönnten uns eine Fahrt mit der Cable Car. Dieses einmalige Spektakel sollte man sich nicht entgehen lassen. Eine Fahrt kostet 6 Dollar pro Person. Wir fuhren etwa eine halbe Stunde bergauf bis zur Market Street. Dort stiegen wir aus und stellten uns wieder an der Schlange an, um dieselbe Strecke zurückzufahren.

Am Abend nahmen wir uns wieder ein Taxi und fuhren zu unserem Appartement-Haus zurück. Es ist erstaunlich, mit welcher Gelassenheit und Routine die Taxifahrer die enormen Steigungen der Straße bewältigen.

Leider mussten wir feststellen, dass auch zwei Tage nicht ausreichen, um San Francisco in seiner gesamten Schönheit und Vielfalt kennenzulernen. Zum Beispiel hätten wir gern noch einen Abstecher zum Lesben- und Schwulenzentrum The Castro gemacht, das sich von der Market-Street bis zur 19. Straße erstreckt. The Castro befindet sich in der Nähe von Haight-Ashbury und gehörte im „Summer of Love" auch zum Zentrum der

Hippies. Erst danach wurde das Castro-Viertel zum Schwulenviertel.

Kaum zu glauben: In San Francisco gibt es ein Gesetz, wonach Elefanten nicht entlang der Market Street spazieren, dürfen, es sei denn, sie werden an einer Leine geführt.

Tag 13 - 25.05.2014 - Sonntag (Fahrt von San Francisco nach Monterey)

Bei einem ausgedehnten Frühstück und einem letzten Ausblick auf San Francisco durch unsere Panorama-Fenster nahmen wir leider schon wieder Abschied von einer der beliebtesten und schönsten Städte der Erde. Wir hatten keine längere Fahrt vor uns, nur knapp 200 Kilometer. Deshalb konnten wir in Ruhe von der Stadt Abschied nehmen.

Gegen 9 Uhr machten wir uns auf den Weg, verstauten unsere Koffer und Taschen in unserem Wagen, der sich mal ein paar Tage von dem Stress auf dem Highway erholen konnte. Wir waren froh, dass wir vor drei Tagen die Entscheidung getroffen hatten, unser Auto für die Zeit des Aufenthalts in San Francisco in dem Parkhaus stehen zu lassen. Mit der Zeit hätte man sich sicher an das leicht durchschaubare Straßensystem gewöhnt. Entweder verlaufen die Straßen der Stadt in Ost-West- bzw. West-Ost-Richtung oder in Nord-Süd- bzw. Süd-Nord-Richtung. Dazu kommt, dass das Stadtgebiet einen annähernd quadratischen Grundriss hat. Wie ich bereits erwähnte, ist das Problem, dass San Francisco auf 42 Hügeln erbaut wurde und, dass fast alle Straßen ein enormes Gefälle aufweisen. Abgesehen davon, dass die Mehrzahl der Straßen One-Ways, also Einbahnstraßen, sind. Ein Navi ist also mehr als angebracht.

Von San Francisco ging es zunächst den legendären Highway One entlang, Richtung Süden. Von Eureka im äußersten Norden führt er immer der Sonne nach bis nach San Diego. Man sagt, dass der Highway zwischen San Francisco und etwa 100 Kilometer hinter Monterey am schönsten ist. Nach mehreren Foto-Stopps können wir das unterschreiben. Man sieht dort eine wunderschöne, naturbelassene und unverbaute Pazifik-Küste, an der es jedoch leider etwas zu kalt zum Baden ist. Hin und wieder fielen uns neben der Straße Wanderdünen auf.

Bereits am frühen Nachmittag kamen wir in Monterey im Hotel Colton Inn an. Das etwas in die Jahre gekommene Hotel hätte mal wieder eine gründliche Renovierung nötig. Das betrifft sowohl den schmuddeligen Teppichboden als auch die Einrichtung in den Zimmern. Wir nehmen mal an, dass es in den anderen Zimmern genauso aussah, wie in unserem. Von dem dürftigen Frühstück, das man in der 5 mal 5 Meter großen Rezeption im Stehen zu sich nehmen muss, mal ganz zu schweigen. Das Hotel war das schlechteste während unserer gesamten Rundreise.

Man glaubt es kaum, aber Monterey war ab 1775 die Hauptstadt des spanischen und ab 1821 des mexikanischen Kaliforniens. Auch nach der Eroberung durch die Amerikaner blieb es von 1846 bis 1854 Hauptstadt des neuen Bundesstaates. Erst danach wurde Sacramento die Hauptstadt.

Nach dem Einchecken ging es gleich wieder auf Entdeckungsreise, und zwar nach Carmel (eigentlich Carmel-by-the-Sea), genauer gesagt zur Mission Ranch, einem Hotel, welches seit 1980 dem Schauspieler Clint Eastwood gehört, der von 1986 bis 1988 Bürgermeister dieser Stadt war. Das Hotel war recht gut besucht. Da wir jedoch nicht eingekehrt sind, wissen wir nicht, ob die Gäste wegen des guten Essens im Hotel-Restaurant waren oder glaubten, Clint Eastwood über den Weg zu laufen. Das soll übrigens öfter vorkommen, dass Clint Eastwood im Hotel ist. Wenn er da ist, soll er sich meist ans Klavier setzen und ein paar seiner Kompositionen vortragen.

Man kann sich auf der Mission Ranch auch das Jawort geben. Geheiratet wird auf der Wiese. Es werden weiße Stühle aufgestellt. Das Brautpaar hält sich unter einem Blumenbogen an den Händen. Wir haben es selbst gesehen, als wir auf der Ranch ankamen. Gefeiert wird in einer großen ehemaligen Scheune, die üppig mit Blumen und Lichtern geschmückt wird. Wie man es aus Hollywood-Filmen so kennt, gibt es für die frisch Vermählten eine spezielle Honeymoon Cottage. Wie romantisch, aber sicher auch nicht ganz billig.

Anschließend fuhren wir zum Strand von Carmel. Die weißen Strände entlang der Scenic Road gehören zu den schönsten der USA. Wenn es dort nur nicht immer so kalt wäre. Ende Mai hatten wir eine Lufttemperatur von 20 Grad, das Wasser war 16 Grad warm. Die Kalifornier scheinen diese Temperaturen, die auch im Sommer nicht viel mehr ansteigen, gewöhnt zu sein. Einige von den Strandbesuchern waren, zumindest mit den Füßen, im kühlen Pazifik.

Da wir nur eine Nacht in Monterey verbrachten, wollten wir wenigstens ein wenig von der Stadt sehen. Deshalb fuhren wir am Abend mit dem Wagen ans Meer, suchten die Stelle, wo sich die meisten Touristen befanden und bummelten ein wenig durch die Geschäfte.

Das Monterey Bay Aquarium, eines der größten öffentlichen Schauaquarien der Welt, konnten wir uns leider nur von außen anschauen. Es hatte bereits geschlossen. Das 1984 eröffnete und 1996 erweiterte Gebäude steht auf einer ehemaligen Fischfabrik in der

Cannery Row. Apropos Fisch. Monterey ist auch bekannt für seine fischverarbeitende Industrie. Besonders Sardinen wurden hier verarbeitet. Die Ölsardinenfabriken befanden sich hauptsächlich in der Cannery Row, die auch einem erfolgreichen Roman von John Steinbeck seinen Titel gab. In Deutsch heißt der Roman „Die Straße der Ölsardinen".

Kaum zu glauben: Carmel ist eine der kuriosesten Städte, die ich in meinem Leben kennengelernt habe. Alte Vorschriften und Traditionen sollen bewirken, dass sich Carmel von anderen Städten unterscheidet. Es gibt dort weder Briefkästen noch Hausnummern oder Straßennamen. Die Einwohner mussten bis vor wenigen Jahren ihre Post aus dem Postfach abholen. Auf Wunsch wird jetzt die Post auch ausgeliefert. Noch heute gibt es keine Straßenlampen, Fußgängerwege, Parkuhren und Leuchtreklamen. Neue Gebäude müssen um Bäume herum gebaut werden und wer High-Heels tragen will, braucht eine Genehmigung des Ordnungsamtes, um Schadenersatzklagen zu verhindern.

Tag 14 - 26.05.2014 - Montag (Fahrt von Monterey nach Santa Barbara)

Bevor wir uns auf den Weg nach Santa Barbara machten, besuchten wir einen historischen Ort, auf den ich mich schon sehr lange gefreut hatte, den County Fairground. Hier fand vom 16. bis 18. Juni 1967 das Monterey-Pop-Festival, das erste Pop-Festival überhaupt statt. Hier gab Jimi Hendrix sein wohl spektakulärstes Konzert, welches unter dem Titel „Jimi Hendrix plays Monterey" auch auf Platte bzw. jetzt auf CD veröffentlicht wurde. Aber auch solche Größen, wie Otis Redding, Jefferson Airplane, The Who, Mamas and Papas oder Janis Joplin traten in jenen legendären Tagen im Juni 1967 hier auf. Heute noch finden hier Festivals statt, wie wir an den Plakaten feststellen konnten. Nur die Musik ist eine andere. Aber das Flair aus der damaligen Flower-Power-Zeit wird es wohl nie wieder geben.

Wir verabschiedeten uns vom Fairground und freuten uns auf das nächste Highlight. Auf der Monterey-Halbinsel nördlich von Carmel beginnt eigentlich der wahre Highway One, die Kultstraße, die man aus vielen Hollywood-Filmen kennt, der 17-Mile-Drive. Vielleicht geht es Ihnen genauso, wie mir. Bis dato hatten wir noch nie etwas von dieser Straße gehört. Doch in jedem Reiseführer wird auf diese Sehenswürdigkeit hingewiesen. Also dachten wir uns, wenn wir schon einmal hier sind, dann schauen wir uns die Straße halt mal an. Und wir wurden nicht enttäuscht. Wie der Name schon sagt, ist der Drive 17 Meilen oder 27 Kilometer lang. Er beginnt in Pebble Beach, einem der schönsten Golfplätze der Welt und Wohnort von Clint

Eastwood, und endet in Del Monte Forest, einem Zypressenwald. Touristen zahlen eine Nutzungsgebühr von 10 Dollar pro Auto. Größtenteils führt er direkt an der Küste des Pazifiks entlang. Es gibt 21 sehenswerte Punkte, die man anfahren kann. Ich möchte an dieser Stelle nicht alle aufzählen. Eines der am meisten besuchten Punkte ist wohl The Lonly Cypres, die einsame Zypresse, dem Symbol der Pebble Beach Company. Über 250 Jahre steht dieser am meisten fotografierte Baum der Welt schon auf diesem Felsen und wird gehegt und gepflegt. In mehreren Filmen diente die Zypresse bereits als Kulisse.

Weitere sehenswerte Punkte sind zum Beispiel der Bird Rock, ein Fels, der von zahlreichen Seelöwen, Komoranen und Pelikanen bewohnt wird, der Ghost Tree, der Point Joe oder die Spanish Bay.

Danach ging es den Highway One weiter entlang Richtung Süden. Den etwa 100 Kilometer langen Küstenstreifen von Carmel bis San Simeon nennt man Big Sure, zu Deutsch „Großer Süden". Charakteristisch für diesen Abschnitt sind die steil aufragenden Berge der Santa Lucia Range und die schroffe Felsküste. Außerdem ist es der klassische Teil des Highway One. Für viele Filme wurde Big Sure als Drehort genutzt, unter anderem für „Basic Instinct" mit Sharon Stone. Aber auch der erste „Lassie"-Film wurde hier gedreht.

Ein kleiner Tipp für alle James Dean Fans: Etwa in der Mitte der Strecke zwischen Monterey und Santa Barbara kann man von der Interstate 101 aus, etwa auf der Höhe von Paso Robles, einen kleinen Abstecher Richtung Cholame machen. An der Stelle, wo sich die Route 46 und die Route 41 kreuzen, ist der rebellische Schauspieler am 30. September 1955 tödlich verunglückt. Diese Kreuzung nennt man heute James Dean Memorial Junction.

Zwischen 17 und 18 Uhr erreichten wir unser Hotel Coast Village Inn im Stadtteil Montecido von Santa Barbara. Montecido gehört zu den reichsten Bezirken der USA. Das Durchschnittseinkommen soll hier dreimal so hoch sein, wie im Landesdurchschnitt. Vom Hotel waren wir angenehm überrascht. Das ruhig gelegene Zimmer war zwar nicht sehr groß, aber ausreichend und sauber. Im vorderen Teil des Hotels befand sich sogar ein kleiner Pool, den wir jedoch nicht nutzten. Frühstück gab es im Hotel nicht. Wir bekamen stattdessen pro Person einen 5-Dollar-Gutschein für Jeannine's Bakery, etwa 3 bis 4 Gehminuten vom Hotel entfernt. Das Frühstück war zwar nicht der Brüller, aber für amerikanische Verhältnisse ganz in Ordnung, auch der Kaffee. Einen Tag lässt man sich schon mal Rührei gefallen, aber jeden Tag möchte ich das auch nicht haben. Beachten Sie bitte, dass einem die Gutscheine nicht hinterhergetragen werden. Man muss es wissen und sie an der Rezeption verlangen.

Als wir abends, nach dem Einchecken und Koffer auspacken noch einen Ausflug an den Strand machten, fing es schon an zu dämmern. Trotzdem ließen wir es uns nicht nehmen, die Seebrücke zu erkunden. Die Seebrücke ist im Prinzip nichts anderes, als eine Verlängerung der Hauptgeschäftsstraße, der State Street und teilt den Pazifik-Strand in einen West- und einen Oststrand. Auf der Brücke findet man Geschäfte und einige Lokale, die jedoch nicht so attraktiv sind, wie jene in der Stadt.

Tag 15 - 27.05.2014 - Dienstag (Santa Barbara)

Dieser erste Tag in Santa Barbara, der Hauptstadt der „American Riviera" widmeten wir voll und ganz der schönen Stadt. Wir parkten unseren Wagen für 12 Dollar Tagespreis an zentraler Stelle und steuerten als Erstes, wie uns der Parkwächter empfohlen hatte, das Rathaus an. Von dessen Turm ganz oben hat man einen wunderschönen Blick auf die Stadt und auf die Umgebung.

Santa Barbara wurde im Jahre 1925 von einem Erdbeben heimgesucht. Den Stadtplanern ist es zu verdanken, dass die Stadt danach wieder im Originalstil aufgebaut wurde und so ihren spanisch-mexikanischen Einfluss im Stadtbild behielt.

Santa Barbara mit ihren 100 000 Einwohner ist mit Abstand Kaliforniens schönste Stadt mittlerer Größe. Sämtliche Häuser präsentieren sich mit roten Ziegeldächern und weiß getünchten Fassaden. Dazwischen findet man eine üppige Vegetation mit farbenprächtigen Blumen, Palmen und Blauregen-Bäumen. Die gesamte Stadt ist sehr sauber. Nirgends findet man weggeworfenes Papier oder Müll. Auch alle Toiletten sind sehr sauber und vor allem kostenlos.

Ein Haus kostet hier etwa doppelt so viel, wie der durchschnittliche Preis in Kalifornien. Somit ist Santa Barbara die teuerste Wohngegend in den USA, noch vor Malibu bei Los Angeles.

Nachdem wir uns in luftiger Höhe einen Überblick über die Stadt verschafft hatten, wollten wir sie uns natürlich auch mal etwas genauer ansehen. Der Hauptanziehungspunkt, vor allem bei Touristen, ist natürlich die State Street mit den vielen Geschäften, Cafés und

Gaststätten. Ich finde, diese Stadt ist auf alle Fälle einen Besuch wert. Einen vollen Tag sollten Sie dabei mindestens einplanen.

Als wir gegen 15:30 Uhr von einem Ausflug zur Seebrücke ins Zentrum zurückkamen, war ein Teil der State Street für den öffentlichen Verkehr gesperrt. Farmer aus der Umgebung hatten dort ihre Verkaufsstände aufgebaut. Zu kaufen gab es leckeres, unter der Sonne Kaliforniens gereiftes, Obst und Gemüse. Alles sah aus, wie gemalt, sodass einem schon beim Anblick das Wasser im Mund zusammenlief.

Abends fuhren wir mit dem Auto zum Strand. An einem der vielen Tische mit Bänken machten wir es uns gemütlich und deckten den Abendbrottisch. Es war sehr romantisch. An den Tischen waren wir die Einzigen. Nur ein paar Meter neben uns befanden sich einige Beachvolleyballfelder, an denen bis zum Einbruch der Dunkelheit gespielt wurde.

Tag 16 - 28.05.2014 - Mittwoch (Santa Barbara)

Nachdem wir am Vortag den ganzen Tag der faszinierenden Stadt Santa Barbara gewidmet hatten, wollten wir wenigstens mal einen Tag etwas ausspannen, einmal die Seele baumeln lassen. Wir schauten uns auf der Landkarte die Umgebung an und entdeckten in der Nähe einen See, den Lake Casitas. Er liegt unmittelbar vor den Sierra Madre Mountains, ein etwa 40 Kilometer langer Gebirgszug im nördlichen Santa Barbara County. Also nichts wie hin. Wir gaben den am See gelegenen Ort ins Navi ein und landeten nach einer knappen Stunde Fahrzeit am Eingang zu einem Campingplatz. Die zehn Dollar Eintritt haben wir gern bezahlt.

Im See darf man nicht baden. Dagegen ist Angeln erlaubt. Wie überall in den USA gibt es auch hier wieder mehrere Grillplätze. Ende Mai war noch nicht viel los. Die wenigen Besucher haben sich in dem großen Areal verloren. Wir genossen die Einsamkeit mit allerlei Vogelgesang und beobachteten das Spielen der Erdhörnchen, denn am folgenden Tag ging es weiter nach Los Angeles und da ist es mit der Einsamkeit erst einmal vorbei. Da steppt der Bär.

Am Abend schlenderten wir ein letztes Mal durch Santa Barbara einschließlich der Seebrücke. Wir waren etwas wehmütig. Gern wären wir noch länger hier geblieben. Genau wie Las Vegas hat die Stadt ein ganz besonderes Flair und irgendetwas Magisches an sich. Wir haben uns in dieser Stadt sehr wohl gefühlt und es somit nicht bereut, dass wir sie mit in unsere Rundreise einbezogen haben. Das nächste Mal bleiben wir bestimmt noch etwas länger in Santa Barbara.

Tag 17 - 29.05.2014 - Donnerstag (Fahrt von Santa Barbara nach Beverly Hills/Los Angeles)

An diesem Morgen ging es weiter Richtung Los Angeles, genauer gesagt nach Beverly Hills. Von der Entfernung her, etwa 150 Kilometer, war es ja eher ein Katzensprung. Bereits am Mittag waren wir in Santa Monica. Bis zum Einchecken im Sirtaj Hotel von Beverly Hills hatten wir noch ein paar Stunden Zeit und wir konnten dem Wahrzeichen von Santa Monica, dem Santa Monica Pier einen Besuch abstatten. Der Pier gehört zu den größten Sehenswürdigkeiten der Stadt. Zentraler Punkt ist ein Vergnügungspark, der Pacific Park.

Er stammt aus den Jahren 1958 bis 1964 und beinhaltet unter anderem eine kleine Achterbahn, ein Riesenrad, ein Aquarium sowie verschieden Shops, Trödelläden, Bars und Restaurants. Hauptattraktion ist wohl das Karussell aus den Zwanziger Jahren mit den 44 handgeschnitzten Pferden. Wegen seiner Nähe zu Hollywood ist der Pier schon oft Kulisse von Filmen gewesen, unter anderem von „Forrest Gump" oder „Beverly Hills Cop".

Die ganze Gegend um den Pier ist der Hauptanziehungspunkt von Santa Monica. Auf dem Pier befindet sich das Ende der legendären Route 66. Ob sie genau dort endet, möchte ich bezweifeln, weil sich die Route 66 vor Los Angeles in dem Straßengewirr verirrt. Fakt ist, dass sie in Santa Monica endet. Man sagt, an der Ecke Lincoln Boulevard / Olympic Boulevard.

Gleich in der Nähe des Piers ist eine sehr attraktive Fußgängerzone, die Third Street Promenade, ebenfalls mit vielen Geschäften und Restaurants. Diese Mall, wie man auf Neudeutsch sagt, ist wirklich sehr zu empfehlen. Da es dort eine Menge interessanter Geschäfte gibt, haben wir eine Menge Zeit in dieser Straße verbracht.

Gegen 18 Uhr checken wir schließlich im Sirtaj Hotel von Beverly Hill ein. Um es gleich vorwegzusagen, dieses Hotel würden wir nicht noch einmal buchen. Es ist jedoch gar nicht so einfach, sich in Los Angeles von Deutschland aus für ein Hotel zu entscheiden. In Downtown rät man wegen der hohen Kriminalitätsrate davon ab und in Beverly Hills und Hollywood sind die Hotels sehr teuer. Also entscheidet man sich normalerweise für ein Preiswertes unter den Teuren, obwohl dieses Hotel mit 200 Dollar pro Nacht gar nicht so günstig war.

Der Geiz kann manchmal auch nach hinten losgehen. Wie in unserem Fall. Wir hatten das ausgesprochene Pech, dass neben uns ein sehr rücksichtsloses Pärchen wohnte, das stets erst weit nach Mitternacht nach Hause kam und dann noch bis morgens um acht mit Freunden lautstark gefeiert hat. Die Wände waren dermaßen dünn, dass wir trotz Ohropax kaum schlafen konnten. Nicht einmal auf Klopfzeichen haben sie reagiert.

Beim Einchecken haben wir gleich für den Samstag eine Stadtrundfahrt für Los Angeles gebucht. Ich finde, diese Stadtrundfahrten eignen sich am besten dazu, um eine fremde Stadt in relativ kurzer Zeit einigermaßen zu erkunden.

Wie konnte es auch anders sein, nach dem Einchecken und Koffer auspacken, machten wir uns kurz vor Sonnenuntergang noch auf den Weg zum Whole Foods, um gemütlich und lecker Abendbrot zu essen.

Tag 18 - 30.05.2014 - Freitag (Hollywood/Los Angeles)

Der Besuch der UNIVERSAL-Studios in Hollywood war, nach unserer Hochzeit in Las Vegas, ebenfalls ein Höhepunkt unserer Rundreise. Endlich konnte ich mir einen meiner Träume erfüllen. Bereits als Kind hatte ich mich riesig dafür interessiert, wie Filme gedreht werden, und wollte gern einmal bei einem Dreh hinter die Kulissen schauen, live am Set dabei sein. Schon immer haben mich amerikanische Filme begeistert. In jüngeren Jahren waren es meist die Western-Serien, wie „Bonanza", „Rauchende Colts" oder „Am Fuß der blauen Berge". Aber auch „Fury" oder „Flipper" hatten es mir angetan. Später interessierten mich zunehmend Horrorfilme, wie „Psycho" oder „Die Vögel" von Alfred Hitchcock. Nicht zu vergessen Spielbergs Meisterwerke, wie „Jurassic Park" oder „Krieg der Welten". Die Liste könnte man beliebig fortsetzen, denn auch die Filme wie „Zurück in die Zukunft", „Die Mumie" oder „King Kong" dürfen darauf nicht fehlen. Nun war es endlich soweit. Mein Kindertraum sollte in Erfüllung gehen.

Die UNIVERSAL-Studios sind so riesig, dass sie eine eigene Postleitzahl haben. Die Fläche ist so groß, wie ein eigener Stadtbezirk. Die Parkhäuser waren leicht zu finden. Alles war gut ausgeschildert. Eigentlich brauchte man ja nur den anderen Autos folgen. Denn wer sich hierher verirrt, der hat nichts anderes vor, als in den Themenpark der Film-Studios zu gehen. Es gibt mehrere Kategorien des Parkens. Wir haben uns für die Günstigste, also 16 Dollar pro Tag, entschieden und das war auch gut so. Der Haupteingang war nur wenige Meter von unserem Parkplatz entfernt. Zunächst gelangten wir auf eine Mall mit vielen Geschäften und dem Hard Rock Café. Alles befand sich noch außerhalb der Studios.

An den Kassen ging es zügig voran. Probleme hatten wir eher mit den unterschiedlichsten Varianten der Eintrittskarten. Eine Normale kostete 92 Dollar, darüber hinaus gibt es noch den Front of Line Pass und die VIP Experience. Die Preise für die letzten beiden Karten variieren je nach Jahreszeit. Je mehr Touristen, desto teurer die Karte. Bei uns kostete der Front of Line Pass 139 Dollar, Anfang August war der Preis jedoch bereits bei 179 Dollar. Ähnlich verhält es sich mit der VIP Experience Karte, die weit über 200 Dollar kostet. Wir haben uns für den Front of Line Pass entschieden.

Er hat den Vorteil, dass man lange Wartezeiten von manchmal bis zu einer Stunde umgeht, weil man einen separaten Eingang nutzen kann. Dadurch kann man mehr Attraktionen genießen. Auch sind die besten Plätze für die Pass-Inhaber reserviert, was sehr bequem ist.

Unsere erste Attraktion war das Horror-Haus, ein sogenanntes Laufgeschäft. Bei völliger Dunkelheit passiert man verschiedene Stationen. Meist versuchen dort, als Horrorgestalten verkleidete Studenten, auf unterschiedlichste Weise die Mädels zu erschrecken. Direktes Anfassen ist natürlich tabu. Man befindet sich schließlich in den USA, und da kann eine Klage sehr, sehr teuer werden. Mich haben diese Möchtegern-Frankensteins weitgehend kalt gelassen. Man war ja darauf vorbereitet, dass gleich was „Gruseliges" passieren wird. Die Mädels haben sich unterdessen köstlich amüsiert, was man an deren Gekreische leicht entnehmen konnte. Am Ende war ich froh, dass ich wieder draußen an der frischen Luft war.

Als Zweites amüsierten wir uns köstlich bei der Studio-Tour, die eigentliche Hauptattraktion der UNIVERSAL-Studios. In knapp einer Stunde fährt der Zug aus drei Personenwagons mehrere Stationen an. Zunächst fuhren wir in eine Halle. Zuvor sollten wir die am Startpunkt verteilten 3D-Brillen aufsetzen. In der Halle angekommen, ging es auch sofort los. Es war wie in einem Rundum-3D-Kino. Der Zug stand auf einer beweglichen Bühne und man hatte den Eindruck, durch einen Dschungel zu fahren, in dem sich riesige Dinosaurier befanden. Auch King Kong war zu erkennen. Durch die 3D-Brille schien es, als ob sie sich direkt auf uns zu bewegen würden. Anfangs versuchte ich noch, dieses Spektakel zu filmen. Doch später wurden die Bewegungen des Zuges dermaßen stark, dass ich vor lauter Rütteln kaum noch die Kamera halten konnte. Auch war die Show ziemlich angsteinflößend, sodass ich letzten Endes nur noch die Augen schließen und mich mit beiden Händen irgendwo festhalten konnte. Man wusste ja nicht, was noch alles kommen würde und war dem unheimlichen Geschehen auf Gedeih und Verderb ausgeliefert. Nach gefühlten 30 Minuten war der Spuk zu Ende. In Wirklichkeit dauerte das Spektakel jedoch nur 3 bis 4 Minuten.

Weiter ging die Fahrt durch unzählige Kulissen bekannter Hollywood-Filme. Man erklärte uns, dass viele dieser Attrappen mehrfach verwendet wurden. Meist waren es Häuserfronten, die je nach Filmthema immer wieder anders geschmückt und hergerichtet wurden. Beim nächsten Stopp simulierte man ein Hochwasser. Aus allen Richtungen kam unserem Zug Wasser entgegen. Augenblicklich war die Straße überschwemmt und unser Zug steckte unter dem Entsetzen der Fahrgäste fest. Gott sei Dank lief das Wasser nach wenigen Augenblicken wieder ab und wir konnten unsere Fahrt fortsetzen.

Dann wurde es grausam. An einem See sahen wir, wie der weiße Hai einen Taucher tötete. Das Wasser im See färbte sich blutrot und mir lief es eiskalt den Rücken hinunter. Als der Hai dann wie aus heiterem Himmel vor unserem Wagen auftauchte, rutschte auch dem Standhaftesten der Studio-Tour das Herz in die Hose. Schnell fuhren wir weiter, um einer weiteren Hai-Attacke zu entgehen.

Nach diesem Spektakel ging es erneut in eine Halle. Wieder stand der Wagen auf einer beweglichen Bühne. Es war eine U-Bahn-Station. Bevor wir uns richtig umsehen konnten, nahm die Katastrophe auch schon ihren Lauf. Ein lautes Getöse begann, die Erde bewegte sich, Wasser stürzte von ober herab, der Fußboden brach auseinander, die Station begann zu brennen und zu guter Letzt entgleiste eine hereinfahrende U-Bahn neben uns und rutschte auf der Seite liegend direkt auf uns zu. Glücklicherweise dauerte das Erdbeben nur einige Sekunden und wir waren froh, dass keiner von uns verletzt oder gar getötet wurde. Alle sind, im wahrsten Sinne des Wortes, noch einmal mit dem Schrecken davon gekommen und wir konnten ohne Verluste weiterfahren.

Kaum hatten wir uns ein wenig von den Strapazen des Erdbebens erholt, standen wir auch schon vor dem Bates Hotel, dem Motel aus Hitchcocks „Psycho". Zu allem Unglück kam dieser verrückte Typ, der Norman Bates, gerade aus dem Hotel. Er wollte eine Frauenleiche in den Kofferraum seines Straßenkreuzers laden. Als er uns sah, zückte er aus seinem Jackett ein langes Messer und rannte direkt auf uns zu. Noch nie in meinem Leben hatte ich solch eine Todesangst. Ich spürte, wie mein Herz bis zum Hals schlug und mir fast der Atem stockte. In letzter Sekunde, gerade, als ich laut zu schreien anfangen wollte, gelang es unserem routinierten Fahrer, einem größeren Massaker zu entkommen. Da sind wir noch mal dem Teufel von der Schippe gesprungen, was die Fahrgäste mit einem tosenden Befall belohnten.

Ein letzter Höhepunkt der Studio-Tour waren die Kulissen aus dem Film „Krieg der Welten", die ein abgestürztes Flugzeug darstellten. Gerade das Richtige für mich, wo es doch wenige Tage später wieder per Flieger in die Heimat ging. Es ist eine Boeing 747, die man da so täuschend echt hergerichtet hat. Überall lagen rauchende Wrackteile verstreut, als wäre es ein echter Absturz gewesen. Was für ein Aufwand für knapp eine Filmminute. Diese Filmkulisse mit dem Flugzeug hat anfangs für viel Verwirrung gesorgt, als einmal ein Pilot einen Absturz gemeldet hatte. Daraufhin wurde das Wrack mit einer anderen Farbe versehen, die nicht mehr an ein Flugzeug erinnert.

Die dritte Station für uns an diesem Tag, nach der Studio-Tour, war die Special Effects Stage. Die Zuschauer sitzen im Halbkreis vor einer Bühne, auf der ihnen verschieden Spezialeffekte, wie sie in Filmen Anwendung finden, vorgeführt und erklärt werden. Ehrlich gesagt, der Brüller war es nicht. Ich hatte mir mehr davon versprochen. Es war sehr oberflächlich und sehr amerikanisch. Mehr eine Show, als eine ernsthafte

Darbietung. Wer sich einigermaßen für derartige Specials interessiert, für den war nichts Neues dabei.

Interessanter war dann schon WaterWorld, eine Stuntshow in Anlehnung an den gleichnamigen Film mit Kevin Kostner. Diese aktionsreiche Show mit aufwändiger Technik und einigen aus amerikanischen Serien bekannten Schauspielern gilt als eine der besten der Welt und dauert etwa eine halbe Stunde.

Nach dieser vierten Attraktion im Upper Lot, wie man den oberen Teil der Studios bezeichnet, fuhren wir mit der weltweit größten Rolltreppenkonstruktion, die sich über mehrere Ebenen erstreckt, in den unteren Teil, den Lower Lot. Dort gibt es zum Beispiel eine Bootsfahrt vorbei an Dinosauriern durch den Jurassic Park, bei „Revenge of the Mummy" eine Achterbahnfahrt im Dunkeln und bei „Transformers the Ride 3D" eine Fahrt mit 3D-Brille auf einem Fahrsimulator. Darüber hinaus kann man ein Filmmuseum besichtigen, in dem es, neben diversen Kulissen und Requisiten, unter anderem auch das Auto aus dem Film „Zurück in die Zukunft" zu besichtigen gibt.

Sie sehen, es ist nahezu unmöglich, alle Attraktionen an einem Tag zu erleben. Schon gar nicht in der Hauptreisezeit im Juli und August. Außerdem sollte man beachten, dass zwischen den Vorstellungen manchmal längere Pausen sind. Am besten man informiert sich zuallererst über die Anfangszeiten der Attraktionen und macht sich anschließend einen Plan. Noch ein Tipp: Getränke, wenn man sie einzeln kauft, sind sehr teuer. Es gibt aber auch die Möglichkeit, einen bestimmten Becher zu kaufen, den man recht preisgünstig immer wieder nachfüllen kann. In der Hitze Kaliforniens sicher eine gute Lösung.

Nach der Besichtigung des unteren Teiles der Studios fuhren wir mit der riesigen Rolltreppe wieder hinauf. Dort bummelten wir zum Abschluss unseres Besuches durch historische Filmkulissen, die das Pariser Viertel um das Moulin Rouge oder die die Baker Street darstellen sollten.

Wenn Sie sich jetzt wundern, dass ich keine Fotos vom Inneren der UNIVERSAL-Studios in meinem Buch habe, das ist aus rechtlichen Gründen nicht möglich.

Ich brauche es wohl nicht separat erwähnen, dass wir vor unserer Heimfahrt dem Hard Rock Café einen Besuch abstatteten. Mittlerweile hatten wir uns als Andenken von allen großen Städten ein T-Shirt gekauft. Leider gab es Uschis Wunsch-T-Shirt nicht in ihrer Größe, und der Verkäufer schickte uns in das Hard Rock Café am Hollywood Boulevard. An dieser Stelle ein Tipp: Wenn man es geschickt anstellt, gibt es fast überall Rabatt. Wir hatten zum Beispiel vom ADAC eine Karte bekommen, als wir unseren Mietwagen bestellten. Mit dieser Karte war der Eintritt in die UNIVERSAL-Studios 3 Euro günstiger. Nicht gerade die Welt, aber warum soll man die 3 bzw. 6 Euro verschenken. Dafür bekommt man schon wieder zwei leckere Hamburger. Igitt. Im Hard Rock Café kam Uschi auf die Idee, einfach die goldene Mitgliedskarte vom ADAC zu zeigen. Der Verkäufer tat so, als ob er solch ein Ding noch nie gesehen hätte. Doch er wollte sich nicht als Unwissender outen und gab uns 15 Prozent. Na bitte, geht doch. Sollten Sie nicht im ADAC sein, dann tut es vielleicht auch die Karte Ihrer Krankenversicherung oder der Anglerausweis. Nein, natürlich nicht.

Also ab zum Hollywood-Boulevard. Unser Navi leitete uns problemlos in ein Parkhaus direkt am Boulevard. Das Parkhaus war etwas eigenartig. Es gab fast nur reservierte Plätze und mit den Beschriftungen konnte ich nichts anfangen. Waren die nun für Anwohner oder konnte man sich da hinstellen? Als wir ein paar Runden in dem Parkhaus gedreht hatten, ließen wir es darauf ankommen und stellten uns einfach in eine Lücke. Ich merkte mir die Nummer des Parkplatzes und wir gingen los. Über den Lift des Parkhauses landeten wir direkt in einem Einkaufszentrum, also einer Mall. Das Hard Rock Café war nur ein paar Meter entfernt. Leider hatten sie das T-Shirt auch nicht in Uschis Größe, sodass wir wieder abtraben mussten. Eigentlich wäre der Weg umsonst gewesen, wenn wir da nicht zufällig die Sterne auf dem Fußweg entdeckt hätten. Wir befanden uns nämlich mitten auf dem Hollywood Walk of Fame, aber eher zufällig. Denn geplant war dieses Highlight erst für den nächsten Tag während der Stadtrundfahrt.

An dieser Stelle am Hollywood-Boulevard war scheinbar alles konzentriert, das TCL Chinese Theatre mit den weltbekannten Hand- und Schuhabdrücken vieler Stars, ein Ableger von Madame Tussauds Wachsfigurenkabinett, die Sterne des Walk of Fame und viele andere Sehenswürdigkeiten. An mehreren Stellen hat man zudem einen schönen Blick auf den berühmten Schriftzug „HOLLYWOOD" in den Hollywood Hills, die berühmtesten 9 Großbuchstaben der Welt. Wer einen noch besseren Blick auf den Schriftzug haben will, der sollte den Mulholland Drive entlang fahren, der durch die Hügel von Hollywood, den Santa Monica Mountains, führt. Dort gibt ein Dutzend

Aussichtspunkte, nicht nur auf den Schriftzug, sondern auch auf Los Angeles. Bekannt wurde diese Straße durch den David-Lynch-Film „Mulholland Drive - Straße der Finsternis".

Am Hollywood-Boulevard begegnet man vielen schrillen Gestalten. Das meine ich jedoch keinesfalls abwertend. Manche verkleiden sich als Micky Maus, andere als Gofy, Supermann oder andere berühmte Filmfiguren. Gegen ein kleines Trinkgeld kann man sich mit ihnen fotografieren lassen. Der Hollywood-Boulevard mit den über 2500 Sternen von Künstlern der Kategorien Film, Fernsehen, Musik, Radio und Theater auf dem Walk of Fame ist zwar ganz interessant, aber ein zweites Mal würde ich dort nicht hingehen. Aber man muss es wenigstens mal gesehen haben.

Bei den Sternen ist uns aufgefallen, dass dort nur Künstler verewigt sind, die vorwiegend in der amerikanischen Unterhaltungsindustrie eine große Rolle spielten oder noch spielen. Man hat fast den Eindruck, dass dort jeder einen Stern bekommt, der schon einmal ein Wort in ein Mikrofon gesprochen oder ein paar Sekunden vor der Kamera gestanden hat. Langsam nimmt die Anzahl der Sterne inflationäre Ausmaße an. Aus Europa, geschweige denn dem deutschsprachigen Raum, ist kaum jemand vertreten. Marlene Dietrich und Arnold Schwarzenegger (aus Österreich) haben wir entdecken können. Es gibt sicher bei uns in Deutschland auch einige Künstler, die in Amerika bekannt sind und einen solchen Stern verdient hätten. Ich denke da zum Beispiel nur an Armin Müller-Stahl, der immerhin zwei Oscar-Nominierungen hatte.

Nachdem wir uns ein wenig das bunte Treiben auf dem weltberühmten Boulevard angeschaut hatten, machten wir uns wieder auf den Weg ins Parkhaus. Als wir an der Stelle angelangt waren, wo wir dachten, unser Auto abgestellt zu haben, ich hatte mir ja die Nummer gemerkt, war da überraschend eine Parklücke. Ich dachte, ich bekomme einen Herzinfarkt. Was nun? Tausend Fragen gingen mir durch den Kopf. Ist es abgeschleppt worden. War der Platz etwa doch reserviert? Wo rufe ich an? Was kostet das? Oder ist es geklaut worden? Planlos und total konsterniert irrten wir im Parkhaus herum. Plötzlich standen wir vor unserem Auto. Der Witz war: Ich hatte mir zwar die Nummer des Standortes gemerkt, hatte aber nicht gewußt, dass es diese Nummer in weißer und gelber Farbe gibt. Keine Ahnung, was da der Unterschied ist. Egal. Das Auto war wieder da und der Tag gerettet. Also Navi an und ab ins Hotel.

Kaum zu glauben: In Hollywood gibt es ein Gesetz, wonach nicht mehr als 2000 Schafe gleichzeitig den Hollywood-Boulevard runtergetrieben werden dürfen. Wir haben uns jedenfalls daran gehalten.

Tag 19 - 31.05.2014 - Samstag (Los Angeles)

Unsere Stadtrundfahrt durch Los Angeles begann eigentlich schon an unserem Hotel Sirtaj. Ein Shuttle-Bus holte uns ab und brachte uns zum eigentlichen Ausgangspunkt dem Hollywood-Boulevard, den wir bereits am Vortag, wenn auch nur kurz, besichtigt hatten. Der Platz war voller neugieriger Touristen und es ging etwas chaotisch zu. Als endlich alle Teilnehmer der Stadtrundfahrt im Bus saßen, mussten sie nach fünf Minuten schon wieder aussteigen, ohne auch nur einen einzigen Meter gefahren zu sein. Unser Reisebegleiter schickte uns zunächst auf den Boulevard, um uns das Chinese Theatre und den Walk of Fame anzuschauen. Da wir dies jedoch bereits gesehen hatten, blieben wir die halbe Stunde im engen Bus sitzen.

Dann ging die Fahrt endlich los. Aber irgendwie kam einem das alles bekannt vor. Es war wie ein großes Deja-vu-Erlebnis. Man hatte das Gefühl, überall schon einmal gewesen zu sein. Sicher lag es daran, dass man unzählige Filme und Serien gesehen hat, die in Los Angeles spielten. Zunächst ging es durch Hollywood, dem Zentrum der amerikanischen Filmindustrie. Genau genommen heißt Hollywood ja übersetzt nichts anderes als Stechpalmenwald. Und dieser Stechpalmenwald oder Hollywood gilt als Synonym für die gesamte amerikanische Filmbranche.

Vom Hollywood-Boulevard ging es durch den Sunset-Boulevard. Zwischen Hollywood und Beverly Hills heißt die 35 Kilometer lange und bekannteste Straße von Los Angeles Sunset-Strip, mit vielen Boutiquen und Restaurants. Reiferen Lesern unter Ihnen wird der Name noch geläufig sein aus einer alten Krimi-Serie, die Anfang der 60er Jahre im Deutschen Fernsehen ausgestrahlt wurde. Ihr Name war „77-Sunset-Strip". Da ich zu dieser Zeit noch ein Kind war, war es mir nur selten vergönnt, eine Folge dieser Kultserie anzuschauen. Die Sendezeit lag damals bei 21:00 Uhr, soweit ich es richtig im Gedächtnis behalten habe. Ebenfalls in den 60er Jahren entwickelte sich der Sunset-Strip zu einem Zentrum der Hippiebewegung, ähnlich wie die Haight-Ashbury in San Francisco. Genau so bunt und skurril waren auch diese Hausfassaden. Das wohl legendärste Lokal auf dem Sunset Strip ist sicher das Whisky a Go Go, dem ersten Rockclub von Los Angeles. Hier hatten Kultbands wie The Doors oder Alice Cooper ihre ersten Auftritte. Interessant ist auch, dass aus diesem Lokal der Begriff Go-Go-Dancer stammt, bei dem die sogenannten Go-Go-Girls an Stangen tanzen.

Den ersten Halt machten wir am Rodeo-Drive, der berühmten Einkaufsstraße für die sogenannte Upper-Class. Bei unzähligen Designer-Geschäften, wie Dior, Gucci oder Lagerfeld bekamen wir die Möglichkeit zum Einkaufen. Nach einer halben Stunde waren dann alle wieder mit vollen Tüten im Bus. Meine Frau hatte sich ein T-Shirt und einen Rock, für läppische 3000 Dollar gekauft, aber auch nur, weil Lady Gaga gerade in der Boutique war und das Gleiche kaufte. Zuhause hat Uschi den häßlichen Fummel dann für 20 Euro bei eBay verkauft. Nicht gerade ein erträgliches Geschäft, aber immerhin haben wir neben Lady Gaga gestanden, das war es uns wert. Wenn meine Frau es mir im Nachhinein nicht erzählt hätte, wäre mir diese Frau Gaga gar nicht aufgefallen.

In der Nähe des Rodeo Drive befindet sich das, aus dem Film „Pretty Women" bekannte Hotel Beverly Wilshire. Dort wohnte unter anderem jahrelang Elvis Presley und für Monate John Lennon.

Weiter ging es zum STAPLES-Center in Downtown Los Angeles, einer Multifunktionsarena, die vor allem bekannt wurde durch einige Basketball-Mannschaften von Los Angeles. Aber auch Wrestling-Wettkämpfe, Konzerte und die Grammy-Verleihung finden in diesem Gebäude statt.

Wir fuhren durch Downtown Los Angeles, vorbei an unzähligen Wolkenkratzern und passierten Chinatown. Gesehen haben wir auch das Original Pantry Café in der S Figueroa Street. Von dem wohl berühmtesten Restaurant in Los Angeles wird behauptet, dass es seit seiner Eröffnung im Jahre 1923 noch nie geschlossen hatte.

Schließlich gönnten wir uns eine etwas längere Pause am Farmers Market, der zu den beliebtesten Sehenswürdigkeiten von Los Angeles zählt. Dort hatten wir die Gelegenheit, ausgiebig Mittag zu essen. Bei den zahlreichen Marktständen und Restaurants war die Auswahl an Speisen aller Herrenländer riesig und sicher für jeden Geschmack etwas dabei.

Nach dem Essen setzten wir unsere Stadtrundfahrt fort. Wir machten einen kurzen Halt an einem Asphaltsee, den La Brea Tar Pits. Es sind mit natürlichem Asphalt gefüllte Gruben unterschiedlicher Größe, welche heute noch aktiv sind und in denen im Laufe der Erdgeschichte unzählige Tiere versanken. Hunderttausende Knochen wurden bisher geborgen und teilweise wieder zu Skeletten zusammengesetzt. Zu den spektakulärsten Funden zählen Mammuts, Säbelzahnkatzen und ein

Riesenfaultier. Ein Teil davon ist im Page Museum of La Brea Discoveries zu sehen.

Nicht vergessen möchte ich den kurzen Foto-Stopp an der im Jahre 2003 erbauten Walt Disney Concert Hall in Downtown Los Angeles. Der etwas eigenwillige Bau zählt zu den bedeutendsten Konzerthallen der Welt.

Zum Abschluß der Stadtrundfahrt besichtigten wir noch das ältestes Haus und gleichzeitig Gründungsort von Los Angeles, die Avila-Adobe. Das Haus wurde so eingerichtet, wie es wahrscheinlich um 1840 aussah. Es ist ein Teil des Los Angeles State Historic Park. Das Haus, das im Jahre 1818 von Don Francisco Avila gebaut wurde, besteht aus sieben Zimmern und hat einen großzügigen Innenhof mit überdachten Veranden. Es kann täglich von 10 bis 15 Uhr besichtigt werden. Samstag und Sonntag auch bis 16:30 Uhr. Der Eintritt ist kostenlos, aber über eine Spende freut man sich.

Auf dem Rückweg fuhren wir eine besondere Straße entlang, die die Grenze zwischen Hollywood und Beverly Hills bildet. Auf der einen Seite sieht man die palmengesäumten Prachtstraßen von Beverly Hills, wo sämtliche Stromkabel unterirdisch verlegt wurden und wo sich die schmucken Häuschen und Villen der Schönen und Reichen befinden. Für die Abfallbehälter gibt es dort eine separate Gasse, damit die Höfe und Vorgärten rein bleiben. Auf der anderen Seite ist Hollywood, wo man die Palmen vermisst und auch die Stromkabel über Masten verlaufen.

Dann waren wir auch gleich wieder am Ausgangspunkt unserer Stadtrundfahrt angelangt. Mit einem kleinen, obligatorischen Trinkgeld verabschiedeten wir uns von Busfahrer und Reiseleiter.

Am letzten Tag unseres Aufenthaltes in Los Angeles wollten wir unbedingt noch einmal an den Strand. Wenigstens mal mit den Füßen den Pazifik spüren. Den Abschiedsabend verbrachten wir somit noch einmal am Santa Monica Pier und genossen zum letzten Mal die untergehende Sonne über dem Pazifik.

Noch ein Tipp: Vergessen Sie auch nicht, dem über 4 Kilometer langen Sandstrand von Venice Beach, mit seiner von Souvenir- und Verkaufsständen gesäumten Strandpromenade einen Besuch abzustatten. Einer der beliebtesten Strände von Los Angeles schließt sich unmittelbar an den Strand von Santa Monica an. Tun Sie dies jedoch bitte nur tagsüber. Dann treffen sich dort zahlreiche Musiker, Maler und Artisten. Nachts ist es dort jedoch, wegen der Straßenbanden und Dealer, sehr gefährlich. Nach Sonnenuntergang ist deshalb auch das Baden verboten.

Tag 20 - 01.06.2014 - Sonntag (Fahrt von Los Angeles nach Palm Springs)

Die Zeit in Los Angeles wollten wir optimal ausnutzen. Aus diesem Grund entschieden wir uns, vor der Weiterreise nach Palm Springs eine Malibu Star's Homes Tour zu machen. Treffpunkt um 10 Uhr vormittags war der Endpunkt der Route 66 am Pacific Park in Santa Monica. Unseren vollbepackten Wagen parkten wir auf dem riesigen Parkplatz direkt am Strand.

Die etwa zweistündige Fahrt im Open-Air-Minibus, die pro Person 45 Dollar kostet, führte uns auf dem Highway One immer an der Pazifik-Küste entlang bis nach Malibu. Der sehr freundliche und gesprächige Fahrer zeigte uns die Beach-Häuser von vielen prominenten Künstlern. Zum Beispiel sahen wir die Häuser von Cher, Ozzy Osbourne, Tom Hanks, Adam Sandler, den Eltern von Paris Hilton, Bruce Willis, John McEnroe, Burt Reynolds und vielen andern. Außer den Eltern von Paris Hilton, die gerade vor ihrem Haus standen und diskutierten, haben wir jedoch keinen der Künstler gesehen. Als sie unseren roten Panaromabus sahen, winkten sie uns zu, der Fahrer begrüßte sie und scherzte mit ihnen. Schnell machte ich einen Schnappschuß. Gern hätte ich dieses Foto mit in den Reisebericht aufgenommen, aber ich habe es für 1,5 Millionen Euro an eine Zeitung verkauft. Ja, so schnell wird man in Hollywood reich.

Gelungen fanden wir den kleinen Aufenthalt an einem Privatstrand, an dem wir uns die Häuser ein wenig näher anschauen konnten. Für mich ist es nicht nachvollziehbar, dass einige der Holzhäuser mehrere Millionen Dollar wert sind. Sicher liegt es an dem Ort Malibu und die unmittelbare Nähe zum Pazifik, direkt am Strand, wo es keinen kalten Winter gibt, kaum regnet und fast immer die Sonne scheint. L.A. eben.

Auf alle Fälle war es interessant. Bei der Fahrt im offenen Wagen mit der Musik von den Beach Boys, vorbei an dem Drehort von „Baywatch - Die Rettungsschwimmer von Malibu" mit Pamela Anderson und David Hasselhoff in den Hauptrollen, konnte man ein wenig das kalifornische Lebensgefühl genießen. Leider war der Ausflug nach zwei kurzweiligen Stunden schon wieder vorbei. Der Fahrer bekam 20 Dollar Tip von uns und wir begaben uns zu unserem Auto.

Die knapp 200 Kilometer von Los Angeles bis nach Palm Springs absolvierten wir in knapp 3 Stunden. Anfangs, durch das Straßengewirr von L.A. ging es etwas schleppend voran. Doch als wir ein paar Meilen aus der Stadt heraus waren, ging es recht zügig. Natürlich war mein Blick immer auf dem Tacho gerichtet, denn in regelmäßigen Abständen standen die Wagen der Highway Patrol am Straßenrand.

Wieder ging die Fahrt durch eine karge trockene Wüstenlandschaft. Kurz vor Palm Springs fuhren wir an einem riesigen Feld von Windrädern vorbei, die dicht an dicht standen. Es müssen gefühlte Tausende gewesen sein. Doch dort störten sie niemand, weit und breit waren keine Wohnhäuser zu sehen. Am Weg liegt auch ein riesiges Outlet-Center mit dem Namen Premium Outlet Mall Desert Hills. Etwa 140 Shops erwarten dort die Kunden.

Von dort war es dann auch nicht mehr weit bis Palm Springs. Gleich, nach dem Passieren des Ortseingangsschildes, fiel uns auf, dass sich die Stadt deutlich von anderen amerikanischen Mittelstädten unterscheidet.

Das fängt bereits bei der durch das Zentrum führenden Straße #111, dem Palm Canyon Drive, an. Eine saubere und gepflegte, palmengesäumte Allee, deren Fahrspuren durch breite Grünstreifen getrennt sind. Aber nicht nur die Straße sticht einem ins Auge, wo man hinschaut, erblickt man gepflegte Rasen und eine üppige Vegetation. Pausenlos arbeiten Wassersprinkler und sorgen für das Gedeihen der Pflanzen. Palm Springs ist nicht nur eine Erholungsstätte der Schönen und Reichen, sondern auch ein Überwinterungsort für Senioren. Man findet hier keine Hochhäuser, sondern eher eine Menge Villen, Golfplätze, Hotels, Restaurants und Shops.

Gegen 16 Uhr kamen wir nach einer Non-Stop-Tour am „BEST WESTERN PLUS Las Brisas Hotel" an. Als wir aus dem Wagen ausstiegen, bekamen wir erst einmal einen Hitzeschock. Losgefahren in Los Angeles sind wir bei 25 Grad und angekommen bei 41 Grad im Schatten. Angezeigt wird die Temperatur in den USA ja bekanntlich in Fahrenheit. Für uns Europäer eher etwas ungewöhnlich. Aber so auf die Schnelle umrechnen in Grad Celsius ist nicht so einfach. Von der Temperatur in Fahrenheit muss man zunächst 32 abziehen, dann mit 5 multiplizieren und schließlich durch 9 teilen. Zeigt das Thermometer zum Beispiel 100 Grad Fahrenheit an, verfährt man so: 100 – 32 = 68; 68 x 5 = 340; 340 / 9 = 37,77 Grad Celsius. Eigentlich ganz einfach, wenn man es einmal weiß. Während unserer Rundfahrt wusste ich es auch noch. Beim Schreiben des Buches musste ich aber schon wieder nachschauen. Bei der Umrechnung von Celsius auf Fahrenheit ist es genau andersherum. Die Temperatur in Celsius multipliziert man mit 9, teilt das Ergebnis durch 5 und addiert 32 hinzu. Auf ein Beispiel verzichte ich aber.

Eigentlich hatten wir uns Palm Springs nur als Zwischenstation auf der Fahrt nach Las Vegas ausgesucht. Ursprünglich wollten wir den Joshua Tree Nationalpark besuchen. Es gibt zwei Gründe, dass wir diesen Besuch gestrichen hatten. Der Eine ist die Malibu-Tour, die wir kurzfristig ins Programm genommen hatten. Dadurch verzögerte sich die Abfahrt von Los Angeles um mehrere Stunden, sodass kaum noch Zeit für einen Besuch des Nationalparks übrig blieb. Zweitens haben wir bei unserem Ausflug von Las Vegas zum Grand Canyon bereits eine Menge von den Joshua Trees gesehen. Viel anders kann es im Nationalpark auch nicht aussehen, dachten wir uns.

Palm Springs sollte also nur als Übernachtungsort dienen. Da wir jedoch nach dem Einchecken noch Zeit bis zum Einbrechen der Dunkelheit hatten, wollten wir uns wenigstens noch ein paar Sehenswürdigkeiten der Stadt anschauen. Für einen Ausflug zur längsten Seilbahn der Welt, der knapp 4 Kilometer langen Palm Springs Aerial Tramway, war es leider zu spät. Stattdessen stieß Uschi in einem Reiseführer auf eine Palmenoase, der 1000 Palms Oasis. Die Anfahrtsbeschreibung des Reiseführers war etwas verwirrend, deshalb gaben wir die Oase in unser Navi ein. Und siehe da, es hatte die Adresse gespeichert. Leider endete die halbstündige Fahrt dann irgendwo mitten in der Wüste und weit und breit war keine Palme zu sehen, nur Wanderdünen. Frustriert gaben wir auf und fuhren zurück ins Hotel.

Den Abend verbrachten wir bei einem Bummel auf dem Palm Canyon Drive mit seinen vielen Shops und

Restaurants. Spätabends wollten wir uns nach dem Abendessen noch etwas im Pool erfrischen. Doch die Temperatur des Wassers stand der Lufttemperatur nicht nach, sodass wir uns letztendlich unter die einigermaßen kalte Dusche stellten.

Das Hotel ist sehr gut und empfehlenswert. Man muß nur aufpassen, es gibt dort noch ein anderes BEST WESTERN Hotel, das nicht so gut sein soll, wie man einigen Bewertungen entnehmen kann.

Tag 21 - 02.06.2014 - Montag (Fahrt von Palm Springs nach Las Vegas)

Angenehm überrascht waren wir jedoch vom Frühstück. Wieder mal war es eher untypisch für die USA. Jeder Gast konnte sich ein Omelett nach seinem ganz persönlichen Wunsch bestellen. Die Zutaten, wie Schinken, Käse oder verschiedene Gemüsesorten konnte man frei wählen. Vielleicht hatte es etwas damit zu tun, dass die mexikanische Grenze nicht weit entfernt war. Die Dame, die die Omeletts zubereitete, sprach zumindest spanisch. Jedenfalls hat das Omelett sehr gut geschmeckt und wir konnten uns gut gelaunt und gestärkt auf die etwa 400 Kilometer lange Reise von Palm Springs nach Las Vegas machen.

Fest eingeplant hatten wir noch einmal einen Abstecher auf die historische Route 66. Wir wollten unbedingt ein paar Fotos von verlassenen Tankstellen, Häusern und Hotels machen. Zunächst fuhren wir einige Kilometer auf der Interstate 10 Richtung San Bernardino. Hinter San Berardino bogen wir ab auf die Interstate 15 Richtung Barstow und bei Barstow schließlich auf die Interstate 40. Nach wenigen Kilometern kam eine Abfahrt nach Newberry Springs. Dort ging es direkt wieder auf die historische Route 66. Und da waren sie auch schon, die verlassenen Hotels, die alten Tankstellen, an denen schrottreife Oldtimer standen. Das Ganze machte den Eindruck eines riesigen Freiluftmuseums.

Die Route 66 verbreitet auch ein ganz eigenartiges Flair. Man fühlt sich in jene Zeit zurückversetzt, als sich in den 1940er Jahren hunderttausende, durch langjährige Dürren verarmte, Farmer und Landarbeiter auf den Weg in den Westen machten, in der Hoffnung in Kalifornien einen Job zu bekommen. Sei es in den riesigen Obstplantagen, in der aufblühenden Rüstungs- und Fahrzeugindustrie oder gar als Musiker. Heutzutage wird die Route 66 in der Regel nur noch von den letzten verbliebenen Anwohnern und von Touristen genutzt, was sich einige gut besuchte und beliebte Souvenir-Shops zunutze machen.

Nachdem wir mehrere Erinnerungsfotos geschossen hatten, fuhren wir wieder zurück auf die Interstate 40 Richtung Barstow. In Newberry Springs nahmen wir eine Abkürzung und gelangten so erneut auf die Interstate 15, die uns auf direktem Weg nach Las Vegas führte. Einige Kilometer vor Las Vegas passierten wir ein riesiges Outlet-Center mit eigener Achterbahn und mehreren Hotels. Aus Zeitgründen waren wir während unserer Rundreise in keinem dieser Verkaufstempel gewesen und können demnach auch nicht bestätigen, ob die Klamotten dort sehr viel billiger, als in Deutschland sind. Gemunkelt wird aber davon.

Gegen 15:30 Uhr sind wir im Hotel Desert Paradise Resort angekommen, in dem wir bereits in den ersten Tagen unserer Rundreise wohnten. Nach dem Einchecken brachten wir schnell das Gepäck in unser Appartement und machten uns etwas frisch. Danach fuhren wir zu Whole Foods und aßen etwas zum Abendbrot. Wir beeilten uns dabei, denn wir mussten bis 17 Uhr unseren Mietwagen abgegeben haben. Fünf Minuten vor 17 Uhr sind wir bei der Mietwagenzentrale angekommen. Die Rückgabe verlief sehr problemlos. Die Dame ging einmal kurz um den Wagen, schnappte sich den Schlüssel und brauste davon. Das war's. Das war's dann auch schon bald mit unserem Aufenthalt im Westen der USA. Etwas traurig und mit einer Träne in den Augen schauten wir unserem treuen Begleiter der 3 erlebnisreichen Wochen hinterher.

Mit einem Taxi fuhren wir zum Strip, um uns von Las Vegas standesgemäß zu verabschieden. Der Taxifahre fragte uns, wo wir herkämen. Ich sagte, dass wir aus Leipzig sind. Als er die Stadt nicht kannte, sagte ich, dass sie sich in der Nähe von Dresden befindet. Daraufhin schaute er mich fragend an: „Ach, Dresden liegt in Deutschland."

Ich spürte, dass bei ihm Hopfen und Malz verloren war und sagte: „Aber Berlin kennen Sie doch?"

Darauf antwortete er etwas barsch: „Natürlich kenne ich Berlin." Das Gespräch war daraufhin beendet.

Nachdem wir noch einmal im Hard Rock Café zugeschlagen hatten, bummelten und relaxten wir am Strip und genossen ein letztes Mal die einmalige Ausstrahlung von Las Vegas, die es in dieser Form auf der ganzen Welt nur ein einziges Mal gibt. Viva Las Vegas!

Tag 22 - 03.06.2014 - Dienstag (Flug von Las Vegas nach Frankfurt/Main)

Wenn wir das nächste Mal eine derartige Rundreise machen, werden wir den Mietwagen erst am Tage der Abreise abgeben. Es war sicher ein Fehler, ihn bereits einen Tag vorher abzugeben. Wir hätten an diesem Tag noch genügend Zeit gehabt und bequemer wäre es für uns außerdem. Von der Mietwagenzentrale wären wir mit dem Shuttle zum Flughafen gefahren. Das hätte uns viele unnötige Kosten erspart. Im Nachhinein ist man immer schlauer.

Gegen 13 Uhr fuhren wir mit einem Taxi zum Flughafen. Bis zum Abflug nach Frankfurt/Main um 16:30 Uhr hatten wir noch viel Zeit.

Während des knapp elfstündigen Fluges gab es eine Menge Turbulenzen. Es war für mich kein angenehmer Flug. Anderen schien es nichts ausgemacht zu haben. Sie schliefen fast die ganze Zeit.

Nach unserer Ankunft am 4. Juni um 11:20 Uhr in Frankfurt (Main) nahmen wir am Terminal unseren Privatwagen in Empfang. Alles hatte wunderbar geklappt. Die über 400 Kilometer lange Fahrt nach Leipzig im Anschluss an den Flug war jedoch etwas anstrengend. Ich hatte mächtig mit dem Zeitunterschied zu kämpfen. Das nächste Mal werden wir wohl noch eine Übernachtung in Frankfurt buchen.

Eine letzte Bemerkung

Wenn man mich im Nachhinein fragen würde, wo es mir am besten gefallen hat und wo ich unbedingt noch einmal hinfahren möchte, würde ich spontan sagen: Las Vegas. Doch wenn ich auch nur eine Minute darüber nachdenke, würde ich sagen: Aber auch San Francisco war ein tolles Erlebnis, das ich bei einer eventuellen nächsten Reise nicht auslassen würde. Schon gar nicht Los Angeles mit seinen wunderschönen Stadtteilen Santa Monica, Beverly Hills oder Hollywood. Dort haben wir längst nicht alles gesehen und ein zweiter Besuch in den UNIVERSAL-Studios würde auch nicht schaden. Auf keinen Fall aber möchte ich Santa Barbara auslassen, diese wunderschöne Stadt mit ihrem spanischen Flair. Auch nicht die Route 66 oder den Highway One. Aber wenn ich mir das alles noch einmal anschauen möchte, warum sollte ich ausgerechnet die Nationalparks auslassen, wie den Grand Canyon oder den Yosemite-Nationalpark. Um es auf einen Nenner zu bringen: Diese Rundreise würde ich genauso noch einmal machen, wie beschrieben. Vielleicht mit ein paar kleinen Änderungen, wie an einigen Stellen ein anderes Hotel buchen oder vielleicht statt Monterey oder Palm Springs eine andere Stadt, wie das Surfer-Paradies San Diego, besuchen. Aber ansonsten war diese Reise ein ganz großes und einmaliges Erlebnis.

Noch ein Wort zur Kriminalität. Sicher ist in den USA die Kriminalitätsrate an einigen Stellen sehr hoch. Wenn man sich jedoch an gewisse Verhaltensrichtlinien hält, ist es dort auch nicht gefährlicher, als bei uns in Deutschland. In der Regel ist man in den Touristenhochburgen sicher. In den großen Städten sollte man gewisse Stadtteile, besonders nachts, meiden. Polizei ist überall präsent und die hat, im Gegensatz zu der deutschen Polizei, Autorität.

Unsere Reisedaten in der Übersicht

13.05.2014 - 1. TAG - Dienstag Flug Las Vegas
Flug: Frankfurt/Main (11:30h) ➔ **Las Vegas** (Ankunft: 14:20h)
Hotel: 4 Nächte   Desert Paradise Resort, 5165 South Decatur Boulevard, Las Vegas, NV 89118 (498 Dollar, 365 EURO)
Whole Foods: 6689 Las Vegas Blvd. Las Vegas, NV 89119

14.05.2014 – 2. TAG – Mittwoch – Las Vegas
Ausflug: Valley of Fire (80 km)

15.05.2014 – 3. TAG – Donnerstag – Las Vegas
Hochzeit: 13:00h Abholung vom Hotel   14:00h Hochzeitsfeier

16.05.2014 – 4. TAG – Freitag – Las Vegas
Ausflug: Grand Canyon (200 km)

17.05.2014 – 5. TAG – Samstag - Ridgecrest
Reise: Las Vegas – **Ridgecres**t (400 km) vorbei an Geisterstadt Calico
Hotel: 1 Nacht   SpringHill Suites Ridgecrest, 113 East Sydnor Avenue, Ridgecrest (California), CA 93555 (122 Dollar)

18.05.2014 – 6. TAG – Sonntag - Tulare
Reise: Ridgecrest – **Tulare** bei Visalia (281 km)
Hotel: 2 Nächte   Comfort Suites Tulare, 1021 North Blackstone Street, Tulare, CA 93274 (176 Dollar)

19.05.2014 – 7. TAG – Montag – Tulare
Ausflug: Mammutbäume **Sequoia NP**

20.05.2014 – 8. TAG – Dienstag - Mariposa
Reise: Tulare bei Visalia Sequoia NP – **Mariposa Yosemite NP** (219 km)
Hotel: 2 Nächte   Yosemite Nights Bed & Breakfast, 4327 Buckeye Creek Road, Mariposa, CA 95338 (286 Dollar)

21.05.2014 – 9. TAG – Mittwoch – Mariposa
Ausflug: Yosemite-Nationalpark

22.05.2014 – 10. TAG – Donnerstag – San Francisco
Reise: Mariposa Yosemite NP – **San Francisco** (316 km)
Hotel: 3 Nächte   LUMI (Nob Hill) Suites, 899 Pine Street, **San Francisco**, CA 94108 (435 Dollar)
Whole Foods: Franklin, 1765 California St

23.05.2014 – 11. TAG – Freitag - San Francisco
Stadtrundfahrt: Hippizentrum (Haight Ashbury), Golden Gate Bridge, Pier 39, Stadtrundfahrt bei Nacht

24.05.2014 – 12. TAG – Samstag – San Francisco
Stadtrundfahrt: Rathaus, Alamo Square (Painted Ladies), Cable Car, Chinatown, Palace of Fine Art

25.05.2014 – 13. TAG – Sonntag - Monterey
Reise: San Francisco – **Monterey** (188 km)
Hotel: 1 Nacht Colton Inn, 707 Pacific Street , Monterey, CA 93940 (176 Dollar)
Sehenswürdigkeiten: Meeresmuseum, Mission Ranch von Clint Eastwood, Carmel, 17-Mile-Drive

26.05.2014 – 14. TAG – Montag – Santa Barbara
Reise: Monterey – **Santa Barbara** (376 km)
Hotel: 3 Nächte Coast Village Inn, 1188 Coast Village Road, Montecito, Santa Barbara (California), CA 93108 (336 Dollar)

27.05.2014 – 15. TAG – Dienstag – Santa Barbara
Sehenswürdigkeiten: Stadt, Seebrücke

28.05.2014 – 16. TAG – Mittwoch – Santa Barbara

Sehenswürdigkeiten: Stadt

Ausflug: Lake Casitas

29.05.2014 – 17. TAG – Donnerstag – Los Angeles

Reise: Santa Barbara – **Beverly Hills L.A.** (147 km)

Hotel: 3 Nächte
120 South Reeves Drive, Beverly Hills, Sirtaj Hotel Beverly Hills (California), CA 90212 (694 Dollar)

Whole Foods: 239 North Crescent Dr

30.05.2014 – 18. TAG – Freitag – Los Angeles

Sehenswürdigkeiten: UNIVERSAL Studios Hollywood, Beverly Hills, Pacific Park Santa Monica

31.05.2014 – 19. TAG – Samstag – Los Angeles

Stadtrundfahrt: Hollywood Boulevard, Walk of Fame, Sunset Boulevard, Rodeo Drive, Asphalt Seen, Farmers Market, Los Angeles Downtown, Avila Adobe, Chinatown

01.06.2014 – 20. TAG – Sonntag – Palm Springs

Reise: Beverly Hills – **Palm Springs** (187 km)

Hotel: 1 Nacht
BEST WESTERN PLUS Las Brisas Hotel, 222 South Indian Canyon Drive, Palm Springs, CA 92262 (101 Dollar)

02.06.2014 – 21. TAG – Montag – Las Vegas
Reise: Palm Springs – **Las Vegas** (363 km)
Hotel: : 1 Nacht   Desert Paradise Resort, 5165 South Decatur Boulevard, Las Vegas, NV 89118 (98 EURO)

03.06.2014 – 22. TAG – Dienstag - Heimflug
Flug: Las Vegas (16:30h) ➔ Frankfurt/Main (Ankunft: 04.06.2014 11:20 Uhr)

Anerkennung der Hochzeit in Deutschland

Nach unserer Hochzeit in der Wedding Chapel haben wir eine wunderschöne Eheurkunde bekommen. Auf der Rückseite lasen wir zuhause, dass dies nur eine Urkunde für Touristen sei. Sie wird eigentlich in Deutschland nicht anerkannt. Lassen Sie sich deshalb zusätzlich eine Apostille anfertigen. Kosten etwa 150 Dollar. Die Apostille beglaubigt von staatlicher Stelle, also dem Staat Nevada, dass der Priester eine Lizenz hat und, dass die Ehe somit rechtskräftig ist. Bestellen Sie die Apostille am besten gleich mit, wenn Sie die Dinge mit der Hochzeit regeln. Da die Anfertigung der Apostille ein paar Wochen dauert, wird sie später an Ihre Heimatadresse geschickt. An unserem Wohnort haben wir, sowohl die Eheurkunde als auch die Apostille, von einem Übersetzungsbüro vom Englischen ins Deutsche übersetzen lassen müssen. Kosten ca. 100 Euro.

Mit dieser Übersetzung und den Originalen sind wir zum Standesamt gegangen und haben die Ehe nachbeurkunden lassen. Kosten auch so um die 100 Euro. Sie gilt dann rückwirkend. Bei uns also ab 15. Mai 2014. Sie können das Datum Ihrer Hochzeit also getrost auf die Ringe gravieren lassen. Sollte einer der Partner den Nachnamen des anderen Partners annehmen wollen, dann müssen Sie auch eine Namensänderung beantragen. Bei Hochzeiten in den USA ist es nämlich nicht möglich, bei der Hochzeit den Namen ändern zu lassen. Sicher gilt die Regelung auch in anderen Ländern. Das heißt, dass die Braut oder wer auch immer, nach der Hochzeit erst einmal ihren alten Namen behält, und zwar so lange, bis er geändert wurde. Den Namen kann man allerdings **nicht** rückwirkend ändern.